3시간 수면법

수험생과 직장인의
두뇌를 100% 활용케 하는

3시간 수면법

후지모도 겐고 지음 | 최운권 옮김

8시간 수면은 시간낭비다!

창조력 · 집중력 · 기억력을 높이는 경이의 테크닉!

백만문화사

머리말

인생의 승패를 좌우하는 경이의 수면법

당신은 과연 하루에 몇 시간이나 수면을 취하고 있는가?

내가 지금까지 만난 수많은 사람들 중에서도, 정력적으로 활약하고 있는 비즈니스맨일수록, 경영자나 관리자를 불문하고 수면 시간을 단축함으로써 더 많은 일을 소화하고 남보다 한걸음 앞서감으로써 성공을 하고 있다.

그들은 모두 입을 모아 말한다.

"수면은 3~4시간으로 충분하다. 그런 편이 건강에도 좋고, 비즈니스맨에게는 필수적인 창조력이나 집중력을 놀라울 만큼 연마할 수 있다. 이제부터는 8시간씩이나 수면을 취했다가는 살아남기 어렵다."

즉 8시간이나 잔다는 것은 잠의 낭비이며, 인생의 허실이라고 강조하는 것이다. 여기에 대해서 필자는 크게 동감하는 바이다.

현대는 좋든 나쁘든 정보 사회이자 경쟁 사회이다. 새로운 테크놀로지나 아이디어가 도입됨으로써 기업도 가정도, 그리고 학습 방법도 변혁을 거듭하고 있다. 따라서 비즈니스맨이든 학생이든 이 변화를 피할 수는 없다.

이러한 시대에 기민하게 대응하고 정보에 한걸음 먼저 접근하여 그 정보를 유용하게 활용하기 위해서는, 시간이 아무리 많아도 부족을 느끼는 현실이다. 필요 이상의 수면에 취해 있다가는 당신은 스스로의 꿈을 실현시키기는커녕 방대한 정보의 소용돌이 속에 휘말려, 낙오의 길을 걸을 수밖에 없다.

이것은 반드시 비즈니스맨에게만 한정되는 이야기가 아니다. 대학 입시를 목표로 하는 수험생을 비롯해서, 각종 행정 고시나 기술 분야에 진출하려는 사람도 마찬가지이다.

나 역시 젊었을 때의 꿈은 산더미같았다. 사업도 성공시키고 싶다, 그리고 부와 명예를 얻고 싶다——야망은 끝이 없었다.

그래서 나는 어찌했던가?

나는 머리·마음·몸 삼위일체의 향상을 게을리하지 않는 중에, 본서에서 공개하는 '3시간 수면법'을 생각해 내고 스스로 그것을 터득했던 것이다. 그래서 나는 공부와 일을 남보다 배 이상 해낼 수 있는 시간을 가질 수가 있었다.

과학적인 이론이나 근거는 뒤로 미루고, 이 방법은 지극히 시스템화된 것으로 스케줄에 따라 2주 정도 고생하면 3시간 수면의 리듬을 몸에 익힐 수 있다.

아무리 평균 수명이 는다고는 하지만, 누구도 하루 24시간을 변

동시킬 수 없다. 이 24시간을 어떻게 활용하는가에 따라 당신은 인생의 승리자가 될 수도 있고, 패배자로 전락할 수도 있는 것이다. 이 책을 읽는 당신이 3시간 수면법을 실천할 수 있기를 기원하는 바이다.

후지모도 · 겐고

차   례

제 1 장
허점투성이의 8시간 수면

제 2 장
수면과 생명 활동의 과학

제 3 장
불면증은 이렇게 고칠 수 있다

제 4 장
3시간 수면법을 실천하는 비결

제 5 장
3시간 수면법이 비즈니스를 성공시킨다

제 6 장
이것이 3시간 수면법이다

제 7 장
5분간 가수면법

제 8 장
아무도 모르는 가수면의 메커니즘

제 9 장
효율 만점의 가수면 취하는 법

제1장
허점투성이의 8시간 수면

상식적인 수면에 현혹되지 말라

▶ '8시간 수면'은 근거가 없다

흔히 비즈니스맨들이 점심·식사를 끝낸 후 다방에 앉아서 차를 나누며,

"오늘은 잠이 부족했던지 머리가 무겁고 어쩐지 컨디션이 좋지 않다."

라고 푸념하는 것을 듣게 된다. 즉 7~8시간은 자야 수면을 취했다고 할 수 있다는 투로 '수면 부족'을 호소하고 있는 것이다.

그런가 하면 다음처럼 말하는 사람도 있다.

"수면 시간이 짧으면 병에 걸리기가 쉽다."

"잠이 부족하면 머리가 멍해서 일을 하기가 힘겹다."

이러한 '상식'이 세상에는 통용되고, 누구나 그렇게 믿고 있는 모양이나 사실은 전혀 그렇지 않다.

그 반증으로서 사흘간 전혀 자지 않은 연후에도 10시간만 충분

히 자면, 평상시와 조금도 다를 바 없는 상태로 회복된다는 것이 임상 실험으로 실증되고 있다. 또한 하루에 3시간밖에 자지 않는 사람의 뇌파를 조사해 본 결과, 수면의 질(質)은 8시간 잔 사람과 거의 같다는 것도 입증되고 있다.

즉 수면 시간이 짧다고 해서 능력이 저하되는 것도 아니고 피로가 회복되지 않는 것도 아닌 것이다. 만약 문제가 있다면, 잠이 부족하다고 생각하는 불쾌감이나 좀더 자고 싶다는 불만감일 것이다.

다시 말해서, 사람들은 잘못된 상식에 현혹되어 컨디션이 나쁜 것을 모두 '수면 부족' 탓으로 돌리고 있다는 것이다. 나의 입장에서 본다면 7~8시간이나 잠자는 사람은 잠 그 자체에 취해 있는 것이다. 이유는 간단하다. 숙면할 수 없으니까 장시간 자지 않으면 직성이 풀리지 않는 것이다. 깊은 잠을 얻을 수 있다면 인간은 도저히 9시간이나 10시간을 잠들어 있을 수가 없을 것이다. 인간의 수면이라는 것은 합리적인 것으로, 잠의 질이 좋으면 양(시간의 길이)은 문제가 되지 않으며, 거꾸로 다량의 잠을 바라는 것은 나쁜 것을 보충하고자 하기 때문이다.

어쨌든 우리는 오랜 습관으로 수면이란 으레 8시간 정도 자는 것이 순리인 것처럼 잘못 인식하고 있으며, 이것은 타파되어야 한다.

▶ 수면은 시간보다 질이 문제

여기서 잠을 공식화해 보자.

수면 시간 × 수면의 깊이 = 수면량

이 공식으로 이해가 가겠지만, 잠의 깊이가 부족하면 아무래도 장시간의 수면이 필요해진다.

예를 들어, 당신은 다음과 같은 경험을 해 본 일은 없는가?

수영이나 테니스를 지치도록 하고도, 일이 있어 늦게 잠자리에 들었다. 이튿날 아침에는 평상시보다도 일찍 잠이 깼는데 오히려 새사람처럼 상쾌한 기분으로 일어날 수가 있었다. 또는 밤늦게까지 공부를 하고 곯아떨어졌는데도 아침에 잠을 깨 보니 머릿속이 말할 수 없이 개운하더라는 것과 같은 경험 등등.

이것으로도 알 수 있듯이 피로가 심하면 그만큼 잠도 깊이 들며, 깊은 수면을 취하면 단시간의 잠이라도 눈을 떠서 상쾌한 기분을 느끼는 것이다. 이와 같은 잠을 나는 가장 자연스러운 잠이라고 해석하고 싶다. 잠자고 있는 동안 두뇌도 육체도 완전한 해방 상태에 놓이기 때문이다.

물론 인간의 수면에 관해서는 현대의 대뇌생리학(大腦生理學)에서도 해명되지 않고 있는 점이 많다. 하지만 8시간씩이나 수면을 취할 필요가 없다는 것만은 충분히 해명된 바 있다.

대뇌의 활동에는 글루탐산(酸)을 분해한 감마아미노낙산(酪酸)이 필수적이다. 이것은 대뇌의 활동과 더불어 감마하이드로오키시산과 암모니아로 분해된다. 이 감마하이드로오키시산이 뇌에 괴면 인간은 피로를 느끼는 것이다. 이것을 제거하기 위해서는 수면을 취하는 방법밖에는 도리가 없다. 따라서 대뇌의 피로를 풀기 위해서는 잠이야말로 유일하고도 필수불가결한 것이다.

그러나 감마하이드로오키시산을 뇌에서 몰아내기 위하여 꼭 8시간을 잘 필요는 없다는 것이 근년의 실험에서 명백히 증명된 것이다.

그렇다면 깊은 잠을 얻기 위해서는 어떻게 해야 할 것인가? 단순 명쾌하게 말하자면 되도록 잠을 자지 않으면 된다. 그리고 깊은 잠만을 취할 수 있도록 단시간 수면으로의 리듬을 변화시켜가는 것이다. 그러한 리듬을 만들지 않고, 비생산적인 '잠에 취한 잠(늦잠)'을 탐닉해서는 깊은 수면을 취할 수 없다는 것을 알아야 한다.

──아침에 눈을 뜨고 시계를 본다. 7시. 아직 시간의 여유가 있다. 간밤에 자리에 든 것은 12시경이었다. 지금 일어나면 7시간 잔 것이 된다. 한 시간 더, 아니 두어 시간 더 자지 않고는 졸음을 주체하지 못할 것 같다. 에라, 모르겠다. 더 자자.

이렇게 매일처럼 '잠에 취한 잠'이 반복된다. 눈을 떠도 불만족감이 반드시 고개를 든다.

"할 수 없지 않아? 나는 8시간 자지 않고는 머리가 멍해서 도저히 일이 안 되는걸……."

이라고 변명할 일이 아니다. 나는 강조하고 싶다. 두뇌건 육체건 샤프한 상태를 만들기 위한 가장 좋은 방법은 졸려도 성큼 기상해서, 그날 밤부터의 수면을 '질적인 잠'으로 전환하는 것이라고.

▶ 잠이 지나치면 능력은 저하한다

한편, 환자가 신체적인 컨디션이 좋지 않다고 호소하면 대부분의 의사는 이렇게 말한다.

"충분한 수면을 취하십시오."

그러면 '충분한 수면'은 무엇일까? 나는 그것이 단지 장시간의 수면을 의미하는 것으로는 생각하지 않는다.

——인간은 쉬는 시간이 길면 길수록 오히려 피로를 회복할 수가 없다——이것이 나의 지론이다.

"그럴 리가……."

당신은 의아해할지도 모른다. 그러나 이것은 진리이다.

인간의 두뇌는 장시간 휴식시키면 그럴수록 활발하지 못한 상태가 되어, 운동신경도 저하하고 인간이 갖고 있는 모든 능력이 둔화해 버리는 것이다. 여기에 수반해서 정신도 어느덧 이완되어 기력과 용기를 잃고 만다.

예를 들어, 만약 당신이 가슴이나 다리에 골절상을 입었다고 하자. 골절이 되면 환부에 깁스를 해서, 그 부위를 오랫동안 고정해 두어야 한다. 그런데 상처가 아문 후에 깁스를 풀면 관절이 잘 움직이지 않는다. 자연스럽게 움직이기까지는 약 2주일이란 시간의 반복 훈련이 필요해서, 1개월간의 깁스는 원상 상태를 회복하기 위해서 거의 1년간의 시일이 소요된다는 것이다.

즉 신체의 한 부분을 고정해서 쉬게 하면, 그 부위는 운동 기능을 망각하고 신경이건 근육이건 이완 상태에 빠지는 것임을 알 수 있다. 이 원리는 수면에도 적용된다. 즉 지나치게 잠을 자면 두뇌가 둔화해서 활동 능력이 저하돼 버리고 마는 것이다.

　나의 친지 중에 대학 입시를 눈앞에 둔 아들을 두고 있는 모회사 중역이 한 분 계시다. 어느 날 회합에서 오랜만에 만나 뵈었을 때, 아들 이야기가 나오자 머리를 긁적이며 이렇게 말씀하시는 것이었다.

　"가망이 없어요, 그애는. 그렇게 잠을 자고서야 국립 대학 합격은 다 틀린 일이외다."

　사실 수험생이나 대학생 중에는 단시간 수면이 아닌 장시간 수면을 하는 젊은이가 적지않다. 그러나 수험생이 장시간 수면을 취한다는 것은 생각해볼 문제이다. 목표로 한 대학에 들어가느냐 실패하느냐의 중대한 시기에, 몸은 나른하고 머리는 흐릿하고 하품만 나와서는 공부가 될 리가 없다. 구제 불능인 것이다. 이러한 증상은 거의가 '잠에 취한 잠', 즉 아침 눈뜰 무렵의 늦잠에 기인한다.

　——인간에게는 개인마다 차이가 있어서, 각자마다 생리적인 리듬이 다르다. 따라서 7~8시간을 자야만 시원하다는 사람은 체질상 그렇게 할 수밖에 없다——

라고 주장하는 생리학 전문가도 있으나 나는 그렇게 생각하지 않는다. 까닭인즉 올바른 수면법을 모르는 소산인 것이기 때문이다.

　내가 제창하는 '3시간 단면법(短眠法)'에 따라 잠자는 방법을 바꾸는 것만으로 하루에 10시간 자던 사람이 3~4시간으로 충분하게 되었다는 케이스를 나는 얼마든지 보아 왔다. 수면의 질, 호흡, 자세와 같은 잠의 기본을 아느냐, 모르느냐에서 크나큰 차이가 생긴다.

　다시 한 번, 잠이 과하면 질병이 낫지 않는다는 예도 소개해 두겠다.

"무리를 해서는 못씁니다. 매일 편히 쉬십시오."

이것은 당뇨병이라는 진단을 받은 어느 친지가 의사로부터 들은 충고이다. 그래서 그분은 하루에 10시간 안팎을 편안히 침대에서 지내기로 했다.

잠을 자다가, 깨다가, 다시 잠에 취해서 자다가……

과연 그 결과는 어찌되었는가? 병은 점점 악화되기만 했다. 10시간을 잔다는 것은 고역이며, 끝내는 병세를 도지게 한 것이다.

나는 그 친지에게 말했다.

"자는 시간을 절반으로 줄여 보십시오."

그는 의아스러운 표정을 보이며 속는 셈치고 해 보겠다고 했다. 그래서 수면 시간을 하루 6시간 정도로 1개월을 계속했다.

그 결과——그는 눈에 띄게 건강이 회복됐다. 수면 시간이 짧아짐으로써 교감신경(交感神經)의 활동이 활발해지고, 호르몬의 분비도 좋아졌거니와, 신진 대사를 증진시켰던 것이다.

나는 거듭 권장한다. 하루에 9시간, 10시간을 잠 같지도 않은 새벽녘 잠에 취해서 따뜻한 이불 속을 빠져나오지 못하는 사람은 마음을 다부지게 먹고 수면 시간을 반으로 줄여 보라고.

물론 병마에 시달리는 사람이 극단적인 수면 단축을 꾀한다는 것은 바람직하지는 못하다. 그러나 필요 이상의 장시간 억지 수면은 더더욱 병세의 회복에 나쁜 영향을 끼친다는 것도 인식해 주기 바란다.

나의 지금까지의 실천적 체험에서도 다음과 같은 현상을 단언할 수가 있다.

수면 시간이 많아지면 호흡이 깊지 못해서 체내의 산소가 부족해진다. 이렇게 되면 두뇌의 회전이 둔해지고, 근육은 늘어지며, 전신이 나른해진다. 필연적으로 혈액 순환이 나빠지게 마련이다.

▶한목에 잠잘 필요가 없다

일반적으로 인간은 잠자는 것으로 휴식하고 피로를 푼다. 그러기 위해서 매일 반드시 일정량의 수면을 취해야 한다고 거의 대부분의 사람은 믿고 의심치 않는다.

그러나 수면이라는 것은 일정 시간에 연속적으로, 한목에 장시간 취할 필요는 없다. 근무중이거나 공부하고 있는 동안, 또는 전철이나 버스 속에서 깜빡 잠드는 경우도 흔히 있다. 불과 5분이나, 10분 동안의 잠이지만 잠을 깨면 머릿속이 상쾌한 경우가 대부분이다. 이러한 가수면만으로도 두뇌나 육체의 피로를 쉽게 제거할 수가 있는 것이다.

이것은 매일 아침 '잠에 취한 잠'을 탐닉하는 사람에게는 통용되지 않을 것이다. 매일의 수면 시간이 대단히 짧고, 일이나 공부에 자투리 시간까지 아끼며 몰두하고 있는 사람에게야말로 가수면은 크게 도움이 되는 것이다.

그 실례를 소개한다.

어느 종합 상사의 인사과장인 E씨는 과거 몇년 동안 '분산 수면'이라는 것을 실천에 옮기고 있다. 그는 현상 소설의 응모광으로서,

입상을 겨냥하고 귀가해서도 3~4시간을 독서, 자료 조사 및 작품 집필에 할애하고 있다.

이 분의 일상 생활을 추적해 보기로 하자. 아침에는 6시 30분에 일어난다. 자택은 전철로 1시간 가량의 교외에 있다. 다행히 갈아 탈 필요도 없고, 시발역이 가까워 대개는 앉아서 통근하고 있다. E 씨는 이 특전을 활용해서 전철 속에서의 한 시간을 수면으로 충당하고 있다.

사무실에서 오전중에는 시종 사무 처리로 시간을 보내고, 점심 후에 30분 정도 직장을 벗어나, 가까운 다방에 간다. 이곳에서 수면의 제 3탄이 공급된다. 커피를 한 잔 마신 후, 10분 내지 15분 동안 기분 좋은 낮잠에 빠져 인사불성이 된다고 한다.

눈을 뜨면, 상쾌한 걸음걸이로 직장에 돌아가 5시까지 맹렬히 일에 열중한다. 일과가 끝나면 황급히 요기를 하고 잔업에 들어간다. 이것이 8시경까지 계속된다.

이리하여 집에 도착하는 것은 9시 30분에서 10시 사이가 된다. 목욕을 하고, 가벼운 야식을 먹고, 한 시간 내외 텔레비전을 본다. 그리고 서재에 들어가 책 속에 파묻힌다. 자는 것은 한밤 3시 30분 전후가 된다.

이상이 E씨의 일과인데, 하루의 합계 수면 시간이 4시간 정도밖에 되지 않는다. 그런데도 불구하고 E씨는 43세가 되도록 크게 건강을 해친 일이 없이, 충실한 나날을 보내고 있다.

즉, E씨는 대단히 유효한 '분산 수면'을 시행하고 있는 것이다. 이불 속에서 3시간, 전철 속에서 1시간, 그리고 다방에서의 5분 내지 15분. 아마도 이 제 3탄의 미니 수면이 적지않은 효용이 있을 것으로 나는 생각하고 있다.

비록 5분의 가수면이지만, 그것이 심신을 상쾌하게 소생시켜 주는 힘은 엄청난 것이다.

제일선에서 활약하는 사람일수록 수면은 짧다

▶ 꿈을 꾸면 곧 일어나라

　세상에는 짧은 수면 시간으로 남보다 3~4배의 일을 해치우는 사람이 적지않다. 특히, 비즈니스의 제일선에서 활약하고 있는 경영자나 관리자가 되면, 3시간 정도의 수면으로 민첩하게 일하고 있는 사람은 허다하다.

　8시간 수면을 지키지 않으면 건강을 해친다고 생각하고 있는 사람으로서는 믿기 어려울 것이다. 그러나 단시간의 수면으로 생활을 영위하고 있는 사람일수록, 안색이 좋고 하루에 열대여섯 시간을 강행군하는데도 피로의 기색도 없이 건강을 누리고 있는 것을 보면 놀라울 지경이다.

　세이부 그룹의 총수로서 널리 알려진 쓰스미 요시아끼 씨는 수면에 대해서,

　"꿈 같은 것을 꾸어서는 안 됩니다."

라고 야무지게 단언한다.

산하에 170개 회사, 사원 총수 10만 명이라는 대그룹의 리더로서, 매일 촌각을 다투는 스케줄에 쫓기고 있는 이 분의 독특한 수면 철학에 대해서 귀를 기울여 보자.

"나는 수면이라는 것은 양이 아니라 질이라고 생각하므로, 짧은 시간을 자되 숙면하는 것을 신조로 삼고 있습니다. 적게 잔다는 것은, 벌써 12시가 되었으니 잠자리에 든다는 식이 아니라 밤 1시든 2시든 졸음이 밀려와서 눈까풀이 내려앉기까지 버티다가 마지막 한계점에서 꽈당! 자리에 누워, 그 길로 잠에 빠진다는 방식입니다. 이러면 꿈 같은 것을 꿀 여지가 없습니다."

쓰스미 씨에 의하면 늘 꿈을 꾸는 사람은 어딘가 건강 상태가 나쁘다고 한다. 이런 사람은 마음속에 여러 가지 잡념이 있고 그 탓으로 꿈을 꾼다는 것이다.

"따라서 나는 되도록 꿈을 꾸지 않도록 애쓰고 있습니다. 졸음이 밀려오는 극한점까지 일을 하는 것도 그 하나의 방편입니다. 간혹 꿈을 꾸고 있다 싶으면 사정없이 일어나 버립니다. 비록 한밤중에라도 말입니다. 어쨌든 수면 시간은 짧을수록 좋습니다. 그래야 숙면이 가능합니다."

쓰스미 씨의 평균 수면 시간은 극히 짧다. 하루 3시간 정도 자는 날이 대부분이다. 낮 동안 틈만 있으면 눈을 감는다. 예를 들어, 승용차로 오고갈 때는 반드시 수면을 취한다.

가수면이라고 하면 쓰스미 씨 뿐이 아니라 제계의 많은 분들이 가수면, 속칭 낮잠의 명수이다. 그 대표격이 스미도모 금속 공업

사장 구마타니 씨이다.

"나는 밤에 침대에서 자는 것은 불과 몇 시간 안 됩니다. 그러나 주간에는 기차 안에서든 비행기 안에서든 반드시 눈을 붙입니다. 회사에서도 점심 후에는 반드시 1시간 가량 낮잠을 잡니다."

68세인 구마타니 씨가 심신의 건강을 지키고 있는 비밀은 별것도 아닌 낮잠인 것이다.

▶**3시간 수면으로 인생을 2배 산다**

3시간 수면은 할 마음만 있으면 오늘부터라도 당장 실천에 옮길 수가 있다. 그리고 기력만 온전하다면 어려울 것도 없다. 그래서 얻은 여분의 시간을 적절하게 활용해서, 당신의 인생을 보다 충실된 것으로 전환할 수 있다면 얼마나 보람된 일이겠는가?

바로 이 점이 3시간 수면을 지향하는 의의인 것이다. 이 점을 명확히 해 두지 않으면, 아무리 수면 시간을 단축하고자 결의했더라도, '글쎄……. 도대체 무엇 때문에 이 일을 하려고 하지?' 하는 의문 때문에 고개를 갸우뚱하며 그만둬 버리게 된다.

3시간 수면, 그 자체가 목적은 아닌 것이다. 요는 그것에 의해서 무엇을 얻는가이다. 당신이 3시간 수면으로 생활의 패턴을 재정비함으로써 무엇을 얻을 수 있는가를 살펴보자.

① 시간

만약 당신이 현재 30세라고 하면, 지금까지 수면에 충당했던 시간은 약 7년이라는 계산이 된다. 오늘부터 3시간 수면을 실천한다고 치면 70세까지 산다고 가정해서 이제부터의 40년은 약 5년분의 수면량으로 족하다. 실질 활동 시간은 35년이나 된다. 이것이 8시간 수면을 취하는 사람의 경우는 27년에 불과하다. 실로 양자의 사이는 8년이라는 차이가 생기는 것이다.

이 8년을 어떻게 쓸 것인가? 그것은 당신의 마음가짐에 달렸다.

비즈니스를 성공시키기 위한 정보의 수집과 분석에 써도 좋고, 교제 범위를 넓히기 위하여 빠짐없이 파티에 참석하는 데 충당해도 무방하다. 혹은 언제고 독립할 심산이라면 다른 사업에 손을 대도 좋고, 노후에 대비해서 취미를 살려도 무방하다. 어느 의미에서든 당신만이 차지하게 된 공짜와 같은 잉여 시간을 건실하게 활용하면 되는 것이다.

나 자신도 3시간 수면에 의해서 넉넉해진 활동 시간을 정보 수집에 충당했었다. 나는 매주 50권의 단행본을 읽었고, 주간지나 신문 등 모든 정보 매체를 훑어본다. 비디오는 4대나 갖고 있어서, 이 4대를 모두 회전시켜 매일 밤중에 지켜보고 있다.

내가 만약 매일 7~8시간을 잔다면 아마도 그 절반밖에 해낼 수 없을 것이다.

② 집중력

3시간 수면에 의해서 진정한 숙면이 가능해지면 두뇌의 활동은 싱싱해진다. 창조력, 집중력, 기억력이 현저하게 향상되는데 이중에서도 강조해 두고 싶은 것은 집중력이다.

나는 지금까지 A급의 자동차 운전 면허, 항공기 조종 면허, 최면술까지도 마스터했다. 내 자랑 같아서 쑥스럽지만 자동차 운전 면허는 집중적으로 공부한 덕택에 단 한 번에 취득했고 최면술은 보통 1년은 걸려야 하는 것을 불과 5일에 마스터했다.

그 이면에 이런 일이 있었다. 텔레비전 방송국의 디렉터가 이런 부탁을 해 왔던 것이다.

"헤어진 애인을 스튜디오에 끌어낼 테니까, 최면술을 걸어서 두 사람의 사이를 수습해 주기 바랍니다."

이런 내용이었다. 그것도 방송 6일 전의 일이었다.

"나는 요가는 가르치고 있지만 최면술은 전문가도 아니고, 최면을 거는 방법도 모릅니다. 더구나 카메라 앞에서는 도저히 자신이 없습니다."

나는 극구 사양했다. 그러나 그는 나를 어떻게 생각했는지, 막무가내였다.

"후지모도 씨라면 그 정도는 어떻게 하실 수 있을 텐데…… 부탁하니 나와 주십시오."

이 말에 슬며시 오기가 동했던 모양이다.

"해 보겠습니다!"

승낙해 놓고는 맹렬히 최면술 공부를 시작했다.

나는 5일 동안에 26권의 전문 서적을 읽고 나서, 방송 당일에는 자신감을 가지고 스튜디오에 들어갔다. 그리고 나의 최면술은 대성공을 했다.

자타가 공인할 정도의 놀라운 집중력이었다. 이것은 3시간 수면의 소산 이외의 아무것도 아니었다. 내가 만약 7시간이나 8시간씩 잤더라면 최면술을 마스터하는 데 족히 반 년은 걸렸을 것이다.

③ 젊음을 지닐 수 있는 육체

"잠을 지나치게 자는 사람은 머리가 멍하게 마련이다."
라고 말한 바 있지만, 과도한 수면의 불이익은 머리만이 아니라 신체에도 영향을 끼친다.

예를 들어, 과도한 수면으로 신체 전반의 세포를 지나치게 쉬게 하는 것은 노화에 연결된다. 또한 8~9시간씩이나 잠을 탐하면, 체내에 여분의 지방이 축적되어 이것이 동맥경화 등을 초래하는 원인이 된다. 나아가 장시간 몸을 눕혀둠으로써 신체를 압박해서 혈액순환을 나쁘게 한다.

미국의 어느 데이터에 의하면, 과면형(過眠型)인 사람의 사망률은, 7시간 또는 그 이하의 수면을 취하는 사람에 비해서 4배나 높다고 한다. 세포의 활동, 신진 대사야말로 육체의 젊음을 보존하는 비결이다. 세포가 지나치게 쉬고 있지 못하도록 활동시키기 위해서는 단시간 수면이 제일이다.

④ 정신 안정

인간은 과도하게 취한 에너지로 인해서 정신이 불안정하게 되는 경우도 있다. 수면 시간이 많으면 많을수록 에너지 과잉에 빠져, 낮 동안에 그것을 충분히 소비하지 못한 채로 다시 잠을 자야 한다는 악순환을 거듭하게 된다.

그래서 3시간 수면으로 변혁을 꾀하여 활동 시간을 연장하면 에너지의 소비는 비로소 밸런스를 유지할 수가 있어, 정신의 안정에도 연관을 갖는다.

⑤ 위장 등 장기의 회춘

3시간 수면은 필연적으로 식사의 내용이나 식사량을 바꾸게 한다. 그리고 그로 인해 위장이나 기타 장기를 싱싱하게 보존할 수가 있다. 여지껏처럼 위장에 부담을 주지 않고, 원래의 기능에 있었던 자연 상태로 이행(移行)하는 까닭에 내장은 다시 젊어진다.

내가 지난날 '초'단시간 수면(1~2시간 정도)을 시도하던 무렵에는 위장의 컨디션이 눈에 띄게 좋아지는 데 놀란 일이 있다. 뱃속이 아주 시원하고, 배변을 하루에 3회에서 4회를 보았다. 호흡도 깊이 하게 되어 산소 공급이 원활했던지 머릿속도 늘 맑았다. 이것은 당시의 식사 내용과 식사량이 멋지게 효력을 발휘했던 것이다.

※3시간 수면을 위한 식사에 관해서는 제6장에 상세하게 설명한다.

▶ 쓸데없는 시간은 박차라

그러나 3시간 수면은 일종의 '고행'임에는 틀림이 없다. 매일 7~8시간 자야 직성이 풀리던 사람이 그 리듬을 깨고, 수면 시간을 반으로 줄이는 것이니 지옥 같은 고통으로 받아들이는 사람이 있다고 해서 이상할 것은 없다.

그러면 이 '고행'을 성공시키기 위해서는 어떠한 환경을 만들어야 좋을 것인가?

나는 말을 앞세우는 실천 방법을 권하고 싶다. 즉 가족이나 친구, 회사의 상사나 동료, 심지어는 부하에게까지 닥치는 대로,

"나는 3시간 수면을 실행에 옮길 것이다!"

라고 결의를 표명해 보이는 것이다.

이것은 정말 효과 있는 방법임이 분명하다. 남에게 공언함으로써 '말을 퍼뜨린 이상 중도에 중단하면 체면 문제이다'라는, 즉 자기암시를 스스로에게 거는 것이라고 할 수 있다.

시작에 앞서 중요한 일은 내일로부터 1주일, 혹은 10일간의 계획표를 만들어 두는 일이다.

20시간이나 움직여야 하느니만큼 행동 계획을 얼마든지 짜낼 수가 있다. 시간이 모자랄 일은 없는 것이다. 당면 목표에 대해서 가능한 한 세밀한 계획표를 만들어, 거기에 따라 행동하게끔 스스로를 내모는 것이다. 그렇게 해서 스스로를 강제하지 않으면 중도에 좌절하고 만다.

그런데 계획표를 만드는 데 꼭 유의할 점이 한 가지 있다.

그것은 시간에 인색해야 한다는 것이다. 눈을 뜨면 지체없이 벌떡 일어나서 즉시 행동에 돌입하는 것이다. 이불 밖이 춥다고 해서 따뜻한 이불 속에 '조금만 더' 하는 것은 가망이 없다. 즉 쓸데없는 시간을 과감하게 박차야 하는 것이다.

인간에게 있어서 늘 긴장감을 갖고 살아간다는 것은 대단히 뜻깊은 일이다. 세포의 활동이 활발해지니까 신체에 좋고 머리의 회전이 민활해진다.

'이렇게 늘 긴장을 하다가는 신경이 견디지 못할 텐데…….'라고 걱정하는 사람이 있을지도 모르나 천만의 말씀이다. 비록 신경의 피로가 겹친다고 해도 잠시 숙면만 취하면 바로 회복이 된다.

사람이란 원래 편한 것을 좋아해서, 아무리 긴장감으로 차 있는 것 같아도 하루 24시간 동안에 웃거나 재미있게 생각하는 일이 있게 마련이어서 순간순간 긴장감을 풀고 있는 것이다. 즉 교묘하게 '긴장'과 '이완(弛緩)'의 밸런스를 취하고 있다. 그래서 '나는 한다 !' 라는 긴장감을 지니고 만사를 집중 강타해도 탈이 없는 것이다.

제2장
수면과 생명 활동의 과학

두뇌·육체·자율신경을 휴식시키는 수면이란?

▶두뇌의 활동을 높이기 위해서는?

인간이 활동하기 위해서는 대뇌의 자율신경 계통에 휴식을 주어야 한다. 이 휴식이 수면이다.

대뇌가 피로하면 감마하이드로오키시산이라는 유해 물질이 축적되는데, 이것을 뇌로부터 제거하기 위해서는 수면을 취하는 방법밖에 없다는 내용은 이미 언급한 바 있다.

그러면 육체의 피로는 어떤 것일까? 하루 종일 신체를 움직이고 있으면 근육의 유산(乳酸)이 쌓인다. 그러나 유산은 근육에 휴식이 시작되면 곧 탄산가스와 물로 분해된다. 즉, 육체의 피로는 단지 몸을 편안히 눕히고 쉬는 것만으로도 충분히 회복되는 것이다.

여기에서 대뇌의 구조에 관하여 간단히 설명해 본다.

대뇌에는 3개의 피질이 있다. 그 하나는 인류의 진화 과정에 있어서 가장 오래 전부터 있어 온 구피질(舊皮質)이다. 이것은 인간

의 본능을 관장하는 곳으로, 성욕이나 식욕과 같은 본능적인 욕망
은 이곳에서 발생한다.

둘째는 고피질(古皮質)이다. 이것은 구피질에 뒤이어 생겨난 것
으로, 구피질에서 발생한 본능적 욕망을 조절하거나 억제하는 구실
을 한다.

그리고 세번째가 신피질(新皮質)이다. 이곳은 지성과 인격의 중
축이다. 이곳에는 전두엽(前頭葉), 측두엽(側頭葉), 복두엽(復頭
葉), 두정엽(頭頂葉) 등이 있다. 전두엽은 일명 '인격의 좌(座)'라
고도 한다. 이곳에는 인간을 사회적 생물로서 제어하는 신경이 있
다. 그리고 측두엽은 언어의 중심으로 간주되고 있다.

그러면 우리의 수면과 각성을 관장하는 곳은 어디일까? 그것은
앞에 설명한 3개의 피질 밑에 있는 뇌간(腦幹)에 있다. 이곳에는
무수한 신경이 거미줄처럼 쳐져 있어, 망양체(網樣體)라고 불리워
진다.

이 망양체의 활동이 활발해지면 대뇌의 활동은 크게 앙양된다.
거꾸로 활동이 완만해지면 대뇌의 활동은 느슨해진다. 즉 망양체는
인간의 각성 센터인 것과 동시에, 수면 센터의 역할을 담당하고 있
는 것이다.

다시 말해서 근육이나 피부의 감각, 눈, 귀, 코, 내장 등으로부터
의 신호가 감소하면, 대뇌피질의 망양체가 자극을 받지 못하게 되
면서 인간은 졸음을 느끼게 되는 것이다.

이 일은 우리들의 일상 생활이 얼마든지 증명해 준다. 예를 들어
잠들고자 할 때는 거의 모든 사람이 방을 어둡게 하거나, 아주 불

을 끄고 몸을 눕힌다. 이렇게 하면 망양체에의 자극이 적어지기 때문이다. 또한 권태롭기 짝없는(자극이 없는) 단순 작업을 하거나, 재미도 없는 이야기를 반복해서 들을 때, 잠이 밀려오는 것도 같은 이유에서이다.

▶탄수화물은 두뇌에는 물론 육체에도 필수적이다

그런데 대뇌는 어떠한 영양소를 필요로 하는 것일까?

우선 필수적인 것이 산소이다. 호흡에 의해서 흡입되는 산소야말로, 대뇌에게는 가장 중요한 활동의 원천이다. 예를 들어 10세 정도인 아동의 경우, 체내에 들어오는 산소의 50%가 대뇌에서 소비된다고 한다. 그것이 성인이 되면 20%~25%로 줄어든다.

따라서 오염된 공기를 호흡했을 때 가장 큰 피해를 입는 것이 대뇌이다. 그 최악의 경우가 일산화탄소 중독이다.

※일산화탄소 중독은 연탄가스 중독의 경우와 같다. (역자)

다음에 대뇌가 필요로 하는 영양은 양질의 단백질이다. 특히 해초인 미역이나 김에 다량 포함되어 있는 글루탐산이 좋다. 이것이 풍부하게 대뇌에 보내지면, 인간에게 필요한 흥분 작용과 억제 작용이 아울러 활발해진다.

즉, 조금 전에 설명한 대뇌의 구피질(본능을 관장)과 고피질(본능의 억제) 양쪽의 기능을 촉진시키는 일이다.

글루탐산은 뇌 속에서 감마아미노낙산과 감마아미노·베터하이드로오키시낙산으로 분해되어, 전자는 구피질, 후자는 고피질의 활

40

동을 돕는데, 이 감마아미노낙산은 탄수화물의 도움없이는 생길 수
가 없다. 즉 글루탐산은 탄수화물의 보조없이는 단독적인 구실을
못한다는 이야기이다.

여기에서 하나의 문제가 제기된다.

대뇌가 탄수화물을 필요로 하는 것처럼, 근육도 역시 그것을 원
하고 있다는 것이다. 그렇다면 어느 한쪽에서 과도하게 탄수화물을
소비할 때, 다른 쪽에서는 활동이 정체된다는 점이다. 이것은 산소
의 경우에도 마찬가지이다.

우리의 신체는 목을 경계선으로 해서, 위와 아래가 서로 산소와
탄수화물의 쟁탈을 하고 있는 것이다. 흔히 운동이 지나치면 머리
가 나빠지고 성적이 떨어지는 경향이 있다고 하는데, 그것은 어느
정도 옳은 이야기이다. 적당한 운동이라면 탄수화물이 온몸에 고루
배분되지만 보통 이상의 격한 근육 운동을 지속하다 보면, 산소는
물론 탄수화물의 대부분을 목 아랫부분이 소비하게 되고 대뇌는 영
양 부족이 될 수밖에 없다.

이 탄수화물을 풍부하게 섭취하는 데는 눈[胚芽]을 깎아내지 않
은 현미를 계속적으로 섭취하는 것이 가장 좋다. 현미를 늘 주식으
로 하는 한, 탄수화물의 부족은 걱정할 필요가 없다.

▶잠을 지배하는 부교감신경(副交感神經)

심장이나 위와 같은 기관은 잠자고 있는 동안에도 어김없이 움
직이고 있다. 이처럼 의식 밖에서 신체 여러 기관의 활동을 교묘하

게 조절하고 있는 신경 조직을 자율신경이라고 한다.

이 자율신경에는 두 개의 얼굴이 있다. 하나는 교감신경(交感神經)이라고 하며, 다른 하나는 부교감신경(副交感神經)이라고 한다. '얼굴'이라고 표현한 바대로, 이 두 신경은 결코 동시에 얼굴을 내미는 일이 없다.

그러면 교감신경의 활동이 활발해지면 어떤 현상이 일어나는가? 우선 동공이 넓어지고, 심장의 맥동이 세차진다. 기관지가 굵어지고, 신장에 오줌의 양이 증가하며, 혈압이 높아진다. 땀샘도 활발히 작동하므로 땀이 나오기도 한다. 즉, 교감신경이라는 것은 우리가 낮에 일어나 활동하고 있을 때의 얼굴이다.

여기에 대해서, 부교감신경은 완전히 밤의 얼굴이다. 이것이 활발해지면 동공은 수축되고, 심장의 고동은 차분해지며, 기관지는 오므라들고, 땀샘도 조용해져서 신체에 장애가 없는 한 땀이 억제된다.

그러나 자율신경의 활동 중심에서도, 위장의 활동만은 약간 다르다. 교감신경이 흥분되면 위벽의 평활근(平滑筋)은 이완 상태에 들어가고, 거꾸로 부교감신경이 흥분하면 위벽의 평활근이 수축 운동을 시작하기 때문이다. 즉, 위장의 움직임은 다른 기관과 달라서 주간보다는 야간에 활발해지는 것이다.

예를 들어 잠자기 전에 먹거나 마셔서 배가 부른 상태에서 잠자리에 들었다고 해도 아침이 되면 다시 시장기를 느끼고 식탁에 앉게 된다. 이것은 잠자고 있는 동안에도 위가 아주 분주하게 일을 했기 때문이다.

수면 부족을 해소하는 수면법

▶ 10분 동안의 잠으로 심신이 상쾌해진다

수면이라는 것은 도대체 어떤 구조로 되어 있을까?

수면을 크게 나누어 보면 두 가지 양상으로 나눌 수 있다. 그 하나는 정수면(正睡眠)이라고 불리워지고, 다른 하나는 역설수면(逆說睡眠)이라고 불리워진다. 이 정수면의 별명에는 '옥소수면'이라는 것도 있다. 영어의 오소독스(orthodox)의 약칭이다. 그리고 다른 하나의 명칭을 여파수면(余波睡眠)이라고도 한다.

정수면은 다음에 열거하는 네 가지 단계로 구성된다.

제1단계 : 입면기(入眠期)

잠들기 시작해서 2~3분 동안의 얕은 잠이다. 졸음이 몰려와 꾸벅꾸벅하기 시작했으나, 외적인 자극을 조금만 받아도 번쩍 눈을 뜨는 상태이다. 맥박은 일어나 있을 때보다 얼마간 느려지고, 호흡도 저하되며, 안구의 움직임은 시계추 모양 천천히 좌우로 움직이고 있다.

제2단계 : 천면기(淺眠期)

입면기를 갓 지나면 천면기로 접어든다. 이것은 약 10분 내외 계속되는 것이 보통이다. 이 상태에 들어가면 작은 소음 정도는 들리지 않으며, 숨소리가 잔잔해진다. 대낮의 낮잠은 대개 이 정도의 잠에서 깨어나는 경우가 많다. 그러기 때문에 저항감없이 쉽게 눈 뜰 수가 있다.

제3단계 : 중도수면기(中度睡眠期)

뇌파가 완만해지며 맥박은 한결 느려져, 의식이 사라지고 안구도 움직임을 멈춘다. 외적 자극을 주어도 눈을 뜨기 어려운 상태이다. 대개 20~30분 가량 지속되나 한 시간 이상에 걸치기도 한다.

제4단계 : 심면기(深眠期)

가장 깊은 잠의 시기로서, 정말 업어가도 모를 지경이다. 뇌파는 중도 수면기보다 더욱 완만해지고, 맥박은 일분간에 50~60 정도로 떨어진다. 물론 안구는 움직이지 않으며 신체도 거의 움직이지 않는다. 근육은 극도로 느슨해지고, 이름을 부르거나 슬쩍 꼬집는 정도로서는 잠에서 깨어나지 않는다. 시간으로 쳐서 30~50분 정도 계속된다. 수면 사이클 중에서 이 기간의 점유율이 가장 길다.

이 심면기는 이윽고 돌아눕는 것과 같은 신체의 움직임으로 중단되어 다음 상태로 옮겨간다.

이상이 정수면의 사이클이다. 어떤 사람이건 예외없이 이 사이클에 따라 서서히 깊은 잠에 빠져드는 것이다.

이것으로 알 수 있는 것은 5~10분 정도의 선잠은 몸에 극히 좋다는 점이다. 왜냐하면 2~3분의 입면기로부터 10분 정도 천면기에서 일어나면 잠을 중단하는 저항감이 적고, 심신이 상쾌해지기 때문이다.

'아아…… 내가 잠들었었나?' 하는 정도의 짧은 수면은, 잠들고 깨어나는 과정에 무리가 없어, 눈을 뜨고도 잠시 동안 두뇌와 육체가 나른하다는 증세가 있을 수 없다.

낮잠은 한 시간 정도만 자면 건강에 좋다는 것도 일리가 있다. 즉, 앞에서 기술한 제2단계로부터 제4단계까지의 정수면의 리듬에 더해서, 앞으로 기술할 역설수면까지가 대충 2시간 반 전후로 끝나기 때문이다.

만약 2시간의 낮잠을 잔다면 어떻게 될까? 1회째의 사이클을 끝내고, 2회째의 제3단계(중도수면기)에 들어갈 무렵에서 잠을 깨는 것이 된다. 이 시기는 깨어나는 데 적지않은 저항을 느끼는 기간이므로 일어나서도 몸이 나른하고 심신이 상쾌하지가 못한 것이다.

한 시간의 낮잠이라면, 대개는 심면기의 한복판에서 눈을 뜨는 것이 된다. 깊은 잠을 겪은 직후이므로 저항감없이 눈을 뜰 수 있고, 피로가 풀려 심신이 거뜬한 기분을 만끽할 수 있다. 하기야 이 경우의 각성은 깊이 잠든 여파로 5~10분 정도의 가수면(假睡眠)을 깨고 난 후처럼, 그 즉시 상쾌감을 느낄 수는 없고 눈을 떠서 몇 분 동안은 나른한 타성이 남는 것은 사실이다.

▶수면중에도 뇌는 깨어 있다

잠의 사이클에는 정수면의 제4단계 뒤, 시간으로 계산해서 약 20분 가량, 다시 한 번 완연한 다른 형태로 이어진다. 이것은 제 1단계의 입면기와 비슷해서, 뇌의 잠은 얕은데도 육체는 깊이 잠들어 있는 신비로운 수면 형태이다. 이것을 역설수면이라고 한다.

왜 '역설'인가? 그것은 뇌파는 입면기와 같아서 얕을 때라도, 근육은 극도로 이완되어 웬만한 외적 자극으로는 눈을 뜨지 않을 만큼 푹 잠들고 있기 때문이다.

역설수면이라고 명명한 것은 리용 대학의 교수 쥬베 박사라는 신경 생리학자이다. 정수면(옥소수면)에 대해서, 이 역설수면은 '파라' 수면(paradox의 약어)이라고 불리워지고 있다.

또한 역설수면은 '램'수면이라고 불리워지기도 한다. 이것은 래피드아이무브먼트(급속한 안구 운동)를 줄인 말이다. 이 역설수면이 정수면과 구별되는 가장 두드러진 특징은, 수면중에 안구가 마치 일어나 있을 때처럼 빙글빙글 움직이기 때문이다.

이 안구의 움직임을 최초로 발견한 사람은 대뇌생리학의 권위자인 그래이드먼 박사였다. 그는 우유를 마시고 난 후, 다시 잠든 아기를 관찰하고 있던 중에, 그 귀여운 안구가 분주하게 움직이는 것에 유의했던 것이다.

박사는 입면기에 안구가 좌우로 움직인다는 것은 알고 있었으나, 아기의 그 움직임은 전혀 다르다는 것을 규명했던 것이다. 마치 깨어 있을 때 무엇인가를 보는 것처럼 움직이는 것이었다.

그래서 이번에는 성인을 대상으로 관찰하기 시작했다. 수면중에 안구 운동이 시작되면 곧 대상자를 흔들어 깨우기로 했다. 그 결과 램수면에 들어가면 꿈을 꾼다는 것을 밝혀냈다. 또한 안구가 움직일 때마다 맥박이 증가하고, 호흡도 불규칙하게 흩어진다는 사실도 알아냈다.

그런데 이 역설수면은 반드시 매일 밤, 어떤 사람에게도 정수면에 이어 전개된다. 그리고 다시 정수면으로 돌아가는 것이다. 즉 사람은 누구나 매일 밤 꿈을 꾼다는 이야기가 된다.

"꿈 같은 거 꾼 일이 없다."고 말하는 사람도 있으나, 그것은 꿈을 꾸지 않은 것이 아니라 눈을 떴을 때는 잊어버리고 있는 것이다.

꿈을 꾼다. 이것을 잠의 메커니즘에서 말하자면, 대뇌가 완전히 잠들고 있지 않다는 것이 된다. 정수면일 때 대뇌는 잠들어 있지만, 역설수면기로 접어들면 대뇌는 얼마간 잠에서 깨어 있는 상태가 된다는 이야기이다. 그런데도 불구하고 역설수면중에 신체는 거의 완전하게 늘어져 있어, 잠으로서는 대단히 깊다.

이런 견지에서, 정수면은 대뇌의 잠이고 역설수면은 신체의 잠이라고 말하는 전문가도 있다.

이렇게 신비스러운 수면 형태는 전체 수면 시간에서 얼마나 되는 비중을 차지하고 있는 것일까?

보통 사람들의 평균 수면 시간(7~8시간)으로 계산해 보면, 1시간 30분에서 2시간은 역설수면이 차지하고 있는 것으로 되어 있다. 잠의 20%는 뇌가 잠들지 않은 역설수면인 것이다. 이런 근거에서 생각해 보면 저녁에 잠들어 아침까지 인사불성의 깊은 잠으로 일관한다는 것은 어떤 사람의 경우라도 있을 수 없을 것이다.

학자들의 연구에 의하면, 이 역설수면은 인간 뿐만 아니라 모든 젖먹이 동물에서 볼 수 있다고 한다. 특히, 개나 고양이는 갓 태어난 얼마 동안은 역설수면이 전체 수면의 50%를 차지한다. 속칭 배냇짓이라는 것은 역설수면 상태에서 아기가 꿈틀꿈틀 움직이는 것을 의미한다.

▶꿈은 중단당하면 자꾸 늘어난다

그런데 이 역설수면을 방해하면 어떤 현상이 일어날까? 20여 년 전에 미국의 학자가 이런 실험을 했다.

실험 대상자를 캄캄한 방에 들어가게 하여 자연히 잠들게 하고 뇌파를 측정해서 램(역설수면시의 안구 운동)이 시작되면 즉시 깨운다. 그리고 다시 잠자게 하고는 램이 시작되기가 무섭게 마찬가지로 흔들어 깨우는 '고문'을 반복했다.

이 실험을 4~5일 계속한 결과 재미있는 사실을 알아냈다. 역설수면은 방해당하면 당할수록 간단히 일어났던 것이다. 더구나 3일 4일 날이 갈수록 역설수면은 명백히 나타났으며, 또한 웬만큼 깨워도 눈을 뜨지 않을 정도로 잠이 깊어져 갔다.

"마치 돋아난 혹을 두들겨 패는 것 같은 현상이다."

라고 어느 교수는 표현한 일이 있다. 즉, 역설수면이라는 것은 길가의 잡초와 같아서 밟으면 밟을수록 강인하게 자라는 것이다.

이 실험이 끝난 후, 실험 대상자가 평소와 마찬가지로 7~8시간의 수면을 취하게 하자, 놀랍게도 역설수면은 3시간 이상으로 길어졌다고 한다. 인간의 수면에서 역설수면이 필수불가결하다는 것이 이 실험에서 판명된 것이다.

나도 이전에 이와 비슷한 실험을 해본 일이 있다. 그렇다고 해서 그 목적이 역설수면이 이렇다저렇다 하는 것을 증명하기 위한 거창한 것이 아니라, 꿈을 자주 꾸는 사람이 그것을 어느 정도 기억하고 있느냐에 대한 조사였다.

점 찍은 대상자와 일이 있어 3~4일간 여행을 떠나게 되었을 때 일부러 호텔의 같은 방에 묵기로 했다. 나는 단시간 수면에는 도통한 편이니까, 3시간 정도만 자면 피로 같은 것은 날아가 버린다. 그래서 그의 곁에 살며시 일어나 앉아, 그가 꿈을 꾸기 시작하는 것을 지켜보았다.

그는 꿈을 꾸면 잠꼬대를 많이 하는 편이었지만, 잠꼬대를 하지 않아도 잠들고 있는 상태를 주시해 보면, 꿈을 꾸고 있는지는 곧 알 수 있다.

———이때다 !———

적시에 나는 그를 흔들어 깨워 이렇게 질문했다.

"자네는 지금 잠꼬대를 했네. 그래 어떤 꿈을 꾸었나?"

사흘 밤을 계속해서 나는 그런 시험을 해 보았다. 그는 그때마다 나의 질문에 답해 주었다. 그것은 3일 동안에 10회 정도였다.

때로는 잠이 덜 깬 표정이었지만, 지금 본 꿈을 정확히 이야기해 주었고, 때로는 어렴풋이, 때로는 전혀 기억을 할 수 없다는 경우도 있었다.

물론 이상은 이 책의 의도와는 거리가 먼 사담이지만, 단 한 가지 흥미 있는 사실을 발견할 수가 있었다.

행선지에서 돌아오는 여객기 안에서 그는 얼굴을 찡그려 보이며 나에게 투덜대는 것이었다.

"자네 등쌀에 꿈만 늘었네."

"뭐라고?"

"어젯밤에도 꿈, 또 꿈의 연속이었네. 자네, 어떻게 책임질 건가?"

이 말에서 역설수면은 방해받으면 방해받을수록 는다는 것이 우연찮게도 입증되었던 것이다.

짧지만 깊게 자고 상쾌하게 잠을 깨는 수면법

▶수면의 사이클은 1시간 반 내지 2시간

이미 기술한 것처럼, 정수면과 역수면을 합친 수면의 사이클은 시간으로 계산해서 1시간 30분 내지 2시간으로, 거의 모든 사람이 하룻밤에 4회 반복하고 있다. 즉 6~8시간의 수면을 취하고 있는 것이다.

역설수면의 지속 시간은 사이클을 거듭할수록 조금씩 길어지는 것이 보통이다. 따라서 4회째의 사이클이 되면 40분으로부터 1시간 가까이 계속되기도 한다.

이런 사실에서 대뇌가 완전히 잠들고 있는 시간이 밤중으로부터 아침이 됨에 따라 차차 줄어든다는 것을 알 수 있다.

그렇다면 상쾌하게 잠을 깨기 위해서는 언제 일어나면 좋을 것인가? 그것은 역설수면이 끝나는 직후이다.

예를 들어, 7시간보다는 6시간이 된 타이밍이 잠을 깨기 쉽다.

수면의 사이클은 1시간 30분에서 2시간이라고 했으니까, 7시간을 자면 아무래도 엉거주춤한 타이밍에서 잠을 깨는 것이 되어 버리기 때문이다.

여기에 비해서 6시간 수면이라면 1시간 30분의 사이클에서 4회, 2시간 사이클에서도 마침 3회가 되어 잠을 깨기가 스무드해진다.

마찬가지 계산으로 5시간 수면보다는 3~4시간 수면으로 잠을 깨는 것이 합리적이라고 할 수 있다. 특히, 3시간 수면은 숙면할 수 있기 때문에 1시간 30분의 사이클로 2회가 되니까 잠에서 깼을 때 그렇게 상쾌할 수가 없다.

▶잠의 리듬은 나이에 따라 달라진다

생후 6개월 정도의 아기는 하루에 평균 16시간이나 잔다. 아기의 잠의 사이클은 성인의 그것과 달라서, 기껏해야 1시간 정도로 반복된다. 그리고 그중의 절반인 30분은 안구를 굴리며 잔다. 즉 전체 수면의 50%가 역설수면인 것이다.

유아기에는 어째서 이와 같은 역설수면이 많은가?

인간의 성장 호르몬이라는 것은 낮에 일어나 있으면 거의 분비되지 않는다. 호르몬 분비가 왕성한 것은 밤에 잠들어 있을 때이다. 그중에서도 역설수면시가 극히 왕성하다.

성장 호르몬은 성장함에 따라 분비량이 감소되고 성인이 되어 버리면 그 양이 미미해지는데, 이것은 역설수면이 차지하는 비율이 자꾸 내려가기 때문이다.

참고로 유아기에서 국민 학생이 되기까지의 역설수면의 비율은
1세의 신생아(13~14시간 수면)의 경우 40%, 4세아(11~12시
간)에서 30%, 7세아(10시간 전후의 수면)에서 25%이다.

국민 학교 상급반인 12세 가량이 되면 수면 시간도 성인과 큰 차
이가 없어지고, 역설수면도 20% 정도로 안정된다. 물론 이 무렵에
는 뇌파도 성인과 거의 같은 패턴을 나타내게 된다. 골격이나 성품
면에서는 아직 성인의 영역에 도달하지 못하는데도, 수면에 관해서
는 어른과 별 차이가 없어지는 것이다.

인간은 나이가 들수록 아침에 일찍 깨고, 밤중에 잠을 깨는 일이
늘어난다고 한다. 어느 학자는,

"노인이 되면 유아기로 역행하는 잠의 리듬이 나타나, 역설수면
이 다시 증폭된다."

고 말한다. 그러나 설이 구구해서,

"아니, 정수면중의 심면기가 줄고, 중도수면기가 증폭되기 때문
이다."

라고 주장하는 전문가도 있다.

그러나 이런 논란의 대상이 되는 노인이라는 의미는 70세를 지
난 연령층이고, 60대의 경우는 거의 문제 밖이 아닐까 하고 나는
생각한다.

그런데 수험생으로서 매일 밤, 단시간 수면을 감수해야 되는 학
생 중에는 이런 걱정을 하는 사람도 있을지 모르겠다.

잠이 부족하면 성장 호르몬의 분비도 적어지는 것이 아닐까? 나
는 아직 성장기에 있는데 단시간 수면을 하면 신체 발육에 나쁠지

도……

그러나 그런 걱정은 필요없다. 인간에게는 자연히 보호 본능이
작동하므로, 수면 시간이 적으면 이때다 싶어 성장 호르몬이 분비
되게끔 마련되어 있다.

수험생으로 충분한 수면 시간을 취할 수 없는 기간이 계속되어
도, 키가 성큼성큼 크고 전보다도 운동 신경이 발달하거나 하는 것
은 그 증거이다.

▶48시간 사이클의 수면법이란?

잠자는 것은 이틀, 즉 48시간에 한 번이라는 생활 사이클을 보내
고 있는 사람이 세상에는 적지않다. 철도국원, 경찰관, 소방서원,
야간운송업자, 간호사 등이 그것이다.

이들은 대개 철야 근무를 반복하고 정식으로 다리를 뻗고 자는
것은 이틀에 한 번이니까 자연히 그렇게 된다. 그리고 이들은 일의
효율상 이 생활 사이클이 몸에 배고, 편리하기까지 하다.

여기에서 48시간 사이클로 생활하는 구체적인 예로서 어느 택시
운전 기사의 생활 패턴을 소개한다.

우선 아침 9시경에 출근한다. 핸들을 잡으면 밤 3시 내지 4시까
지 근무가 계속된다. 하루의 근무 시간이 18~19시간에 달하는 것
이다. 근무가 끝나면 차고에 돌아와 계산과 세차 등 일을 보고 아
침에 귀가한다. 물론 그날은 휴무이다.

그런데 귀가했다고 해서 곧장 이불 속에 들어가는 일은 드물다.

목욕을 하고, 식사도 해야 하며, 신문을 읽거나 텔레비전을 보는 등 잠을 청하는 것은 오후나 되어서이다. 철야한 후라 신경이 예민해져서 귀가해서도 여간해서는 졸리지가 않다는 것이다.

점심을 마치고 비로소 자리에 들지만, 이것은 낮잠과도 같아서 기껏해야 2~3시간이면 눈을 뜬다. 그래서 식구와 둘러앉아 저녁 식사를 끝낸 후 10시나 되어야 제대로 잠 같은 잠을 자게 된다. 그리고 이튿날 아침에는 또 출근을 한다.

이 택시 기사가 이러한 생활을 반복하기를 5~6년 되었지만 한 번도 신체에 이상이 생겨 앓아본 일이 없다고 한다.

이처럼 통상적인 생활에 비교할 때 크게 변칙적인 생활을 해도 몸에 해롭다고 걱정할 필요는 없다. 이틀에 한 번 본격적으로 자고, 나머지는 가수면만으로 때우는 편이 노동 시간도 길어 수입을 올리고, 이튿날은 마음껏 놀 수가 있으니 그들로서는 합리적인 것이다.

이 48시간 사이클의 생활을 누구에게 권한다면, 이틀에 한 번인 수면이니까 7시간의 배인 14시간 정도는 자야 피로가 풀릴 것이라고 지레 짐작을 할 것이나 결코 그렇지가 않다.

2~3시간의 가수면을 곁들여 7~8시간만 자면 피로는 풀리니까, 우리가 이틀 동안 취하는 합계 수면 시간보다도 4~5시간은 득을 본다.

이렇게 해서 공짜로 얻은 시간은 1~2년 후에 합계해 보면 상당한 시간이 될 것이다. 더구나 10년, 20년, 일생 동안을 생각하면 이 여분의 시간은 큰 의의를 갖는다.

▶놀라운 외눈 수면법

여기에서 나 자신의 체험에 관해서 이야기해 보겠다.

23세 때에 나는 실수로 350만 엔 가량의 부채를 지고 말았다. 현재라면 큰돈은 아니겠지만 당시로서는 거금이었다. 대학 출신인 샐러리맨의 초봉이 4~5만 엔 정도였을 무렵이었다.

나는 이 큰돈을 변제하기 위해 하루에 네 가지 일을 감당하기로 결심했다. 우선 아침 9시부터 저녁 5시까지는 가정용품 세일즈맨, 저녁 6시부터 8시까지는 사설 학원 강사, 그 길로 운송 회사로 달려가 이튿날 아침 6시까지 야근 아르바이트를 했다. 그리고 가정용품 세일즈가 없는 날에는 아침부터 공사 현장에서 임시 노무자로 땀을 흘렸다. 어떻게 하든 6개월 남짓한 기간 내에 부채를 갚아야 했던 것이다.

네 가지 일을 다람쥐 쳇바퀴 돌듯 매일 24시간을 일로 지새우는 가혹한 나날을 보냈다. 덕분에 나의 월수입은 40만 엔에 달했다. 대졸 샐러리맨의 열 갑절에 육박하는 수입이었다.

자, 그렇다면 그 기간 동안 나는 어떻게 수면 시간을 염출했던 것일까?

이것은 굉장한 것도 아니다. 다만 사실 그대로를 말하건대 나는 반 년 동안 누워서 푹 잠자본 일이 전혀 없었다. 나는 걸어가면서 잤고, 일을 하는 중에도 1초 2초를 아끼면서 가수면을 취했던 것이다.

그러면 어떠한 방식으로 잤는가? 이 법은 언젠가 텔레비전의 와

이드 쇼 프로에서 '외눈 수면법'으로 소개한 바가 있다.

우선 검은 천으로 안대를 만들어 오른쪽 눈을 2시간 가리고, 다음에는 그 안대를 왼쪽 눈에 옮겨대고 두 시간 가린다는 방식이다. 즉, 한쪽 눈씩 교대로 잠자는 것이다.

"그럴 수가?"라고 일소에 부치는 독자도 있겠지만, 나는 단언한다. 이것은 가능하다.

검은 안대를 대어 오른쪽 눈을 휴식시키고 있으면, 그 동안은 우측 뇌를 쉬게 할 수가 있다. 2시간 정도 지나면, 오른쪽 눈과 우뇌(右腦)는 선명하게 활력을 되찾았음을 느낄 수 있다. 그러나 그 반대로 왼쪽 눈과 좌뇌(左腦)는 혹사가 가중되어 뿌옇게 아물거린다.

그래서 안대를 왼쪽으로 옮겨 댄다. 그러면 이번에는 왼쪽 눈과 좌뇌가 기분 좋은 휴식에 들어간다. 그리고 2시간 후에는 상쾌해진다.

이렇게 해서 나는 6개월을 악착같이 넘겼다. 걸으면서 잘 수 있고 눕지 않아도 근육의 피로를 덜 수 있다는 것을 몸으로 실증한 셈이다.

제3장
불면증은 이렇게 고칠 수 있다

불면증이란 사치스러운 병이다

▶많이 먹는 사람일수록 필요 이상으로 잠을 잔다

불면증으로 고생을 하고 있다는 사람을 보면 나는 부럽게 생각한다. 하기야 사업이다, 강연이다, 텔레비전·라디오 출연에, 글도 써야 하는 나로서는 하루하루가 현기증이 날 만큼 바쁘게 돌아간다. 잠이 오지 않는다는 것은 '천우신조'로까지 생각된다.

매일처럼 남의 3배는 일하고 있다고 자부하고 있는 나는 조금이라도 수면 시간을 줄여서 일을 하고 있다. 따라서 때로는 잘 필요가 없으면 얼마나 좋을까 하는 생각을 하기도 한다.

그러나 이런 건방진 말을 쓰고 보니, 실제로 불면증으로 고생하고 있는 분으로부터,

"잠자지 못하는 고통을 알지도 못하면서 큰소리친다."

고 원망을 들을지도 모른다.

"잠이 오지 않아 이대로 가다가는 미치고 말 것 같다."

고 하는 노이로제 직전에서 고생하는 분도 세상에는 적지않을 것이
다. 불면증의 괴로움은 아마도 상상 이상의 것이라는 짐작은 간다.

그러나 그 기분은 알 수 있으나 결코 고민할 필요는 없다고 나는
말하고 싶다. 아직까지는 불면증으로 죽었거나 발광했거나, 또는
불면증 때문에 몸을 버려서 입원했다는 이야기는 별로 듣지 못하고
있다.

그래서 불면증인 당신에게 위안이라도 될까 해서 처치곤란한 만
성 불면증의 예를 들어 볼까 한다.

나라 현 덴리 시에 살고 있는 야스이 씨(조사 당시 66세)는, 40
대 중반부터 급격히 식욕이 떨어지면서 거의 20년 동안 식사다운
식사를 못했다는 것이다. 그렇다고 병이 있는 것도 아니고 건강 상
태도 양호한 편이다.

야스이 씨는 식욕의 감퇴와 때를 같이하여 수면 시간도 서서히
줄어들고, 십여 년 전부터는 하루 수면 시간이 불과 5~6분밖에 안
되었다고 한다.

이 사실은 일반 의학 상식으로는 생각할 수 없으나, 나로서는 충
분히 납득이 간다.

수면이라는 것은 대뇌 뿐이 아니라 내장이 피로하여 일어나는
현상이다. 내장을 피로하게 하는 큰 요인이 위장의 소화 활동이다.

즉, 먹으면 먹을수록 내장을 피로하게 하고, 그것을 회복시키기
위해서 수면이 필요해지는 것이다. 따라서 많이 먹는 사람일수록
필요 이상으로 자야 하는 것이다. 바꾸어 말하자면, 단시간의 수면
으로 지내고 싶다면 될수록 적게 먹도록 애써야 하는 것이다.

야스이 씨는 식사다운 식사를 거의 하지 않았기에 그렇게 짧은 수면으로도 건강을 유지할 수가 있었던 것이다.

▶눕기만 하는 것으로도 피로는 회복할 수가 있다

"이불 속에 들어가 있어도 여간해서 잠이 오지 않는다."
"빨리 잠들어야겠다고 의식할수록 눈은 초롱초롱해진다."
라고 잠들기가 어려운 고통을 호소하는 사람이 적지않다. 이것은 이미 가벼운 불면증 현상이다.

'잠을 자야만 한다. 그래야 내일의 일에 지장이 없다.'와 같은 강한 자기 암시가 잠재 의식 속에 번뜩이기 때문에 잠들기는커녕, 거꾸로 수면의 리듬으로부터 자꾸 멀어져 가는 것이다. 이러한 사람은,

"한밤중 3시가 지날 때까지도 시계 소리가 잠을 설치게 했다."
"냉장고의 모터 소리가 새벽녘까지 귀에 거슬려 잠들 수 없었다."
라고 말하지만, 그렇다고 해서 수면 부족으로 충혈된 눈을 하고 멍한 상태에 있는가 하면 그렇지도 않다.

당연한 이야기이다. 본인은 밤새도록 눈을 감고 누워 있었던 것이므로 잠잘 수는 없었다고 하지만 대뇌도, 눈도, 육체도 충분한 휴식을 취했던 것이다.

그런데도 불구하고 '인간은 7시간 내지 8시간을 자야 피로를 풀 수 있다'라든지 '수면 부족은 건강에 좋지 않거니와, 일의 능률도

떨어지게 한다'와 같은 그릇된 상식이 그럴듯하게 통용되고 있는 것은 곤란한 일이다. 이런 고정 관념에 사로잡힘으로써 얼마나 많은 유능한 인간이 귀중한 시간을 헛된 수면으로 낭비하고 있는 것일까!

▶불면 노이로제는 이렇게 고친다

'암 환자 한 사람에, 암 노이로제에 걸려 있는 사람은 백 사람'이라고 한다. 불면증도 이와 같은 것이라고 할 수 있다. 즉, '진짜 불면증 환자 한 사람 꼴에, 나는 불면증인가 보다라고 생각하는 노이로제에 걸려 있는 사람이 백 사람'은 된다는 말이다.

불면증으로 병원 문을 두드리는 사람은 많으나, 의사의 말로는 진성인 불면증 환자는 그렇게 많은 것이 아니라고 한다. 원래 불면증은 질병이 아니라고 말하는 의사도 있다. 왜냐하면 '불면증'이라는 병명은 존재하지 않기 때문이다.

잠자지 못해 죽을 지경이라고 호소해 오는 환자의 방문을 받으면, 의사는 편의상, 그 사람을 불면증으로 진단하고 이것저것 상담에 응하기도 하고 진찰을 해 보기도 한다. 그러나 그것뿐이다.

일반적으로 불면증인 경우에는 단순한 불면 노이로제의 경우와는 그 증세에 확실한 차이가 있다.

불면증이라고 불리울 만한 것은,

"자리에 누워도 아침까지 거의 잠을 이루지 못한다."

라고 호소하는 사람의 경우이고, 불면 노이로제의 경우는,

"잠들기가 어려워 고작 2~3시간밖에 자지 못한다."

"밤중에 자주 잠이 깨어 숙면을 취할 수 없다."

와 같이 호소를 하는 사람이다. 이와 같은 단순한 수면 노이로제라면 조금도 겁낼 일이 못 된다.

우선 그러한 불면 노이로제의 케이스를 소개해 보자.

모 대단위 철강 회사에 근무하는 F씨(39세)는 일류 사립 대학 출신으로 순조롭게 엘리트 코스를 밟아, 동기생 중에서 가장 빠른 승진을 하고 30대 후반에 인사과장이라는 요직에 앉았다.

그러나 과장 승진과 더불어 서서히 F씨에게 시련이 닥쳐왔다. 우선 지금까지의 자유로운 입장에서 책임이 무거워지고, 부하 직원의 인심 파악, 상사에의 배려, 그리고 동료들의 시새움에 대한 신경쓰기 등, 마음을 써야 할 문제가 차례로 생겨났다.

대기업의 인사 기구는 해가 갈수록 복잡 다단해지고 있다. 인사라는 요직에 있는 F씨의 스트레스는 대단한 것이다. 더구나 F씨는 신경성인 타입으로, 일상 업무나 대인 관계에 완벽을 기해야만 직성이 풀리는 사람이었다.

F씨는 과장에 취임한 이래 현저하게 잠들기가 어려워졌다. 회사에서 일어난 여러 가지 문제가 감은 눈꺼풀 안에서 뱅뱅 도는 것이다. 몸은 솜처럼 피로한데도 머릿속은 뜨거워지고, 눈은 말똥말똥해지는 것이다. 부하에게 내뱉은 사소하지만 후회스러운 말 한마디, 서류 작성상의 작은 실수, 자기를 책망하던 부장의 눈초리 등 마음에 걸리는 일이 주마등처럼 스쳐가는 것이다.

그래서 잠깐 눈을 붙이는 것은 언제나 새벽녘이라는 상태가 매일처럼 계속되었다. 잠들었다고 해도 곧 깨거나, 꿈이 꼬리를 이어 숙면해 본 일이 까마득했다.

이렇게 되면 영락없는 불면 노이로제이다. 원래가 신경질적인 사람이라 잠들고자 해도 교감신경의 흥분이 가라앉지 않고, 신경의 각성 상태가 계속되고 마는 것이다. 마음이 어느 정도 느긋한 사람이라면, 취침시에는 부교감신경이 알맞게 작용하도록 신경 작용의 스위치가 전환되는데도, F씨와 같은 타입의 사람은 그것이 안 되는 것이다.

이런 타입의 불면증을 고치는 데는, 잠들려 할 때 혈액을 복부에 집중시키면 효과적이다. 까닭인즉 혈액이 복부에 모이면 부교감신경이 활동을 시작하고 머리 부분에 몰리면 교감신경이 활동을 개시하는 것이기 때문이다. F씨와 같은 타입은, 이 혈액의 흐름이 거꾸로 되기 때문에 밤에 잠들지 못하는 것이다.

혈액은 밀고, 문지르고, 두들기는 등 자극을 받으면 급격히 그곳에 모이도록 되어 있다. 예를 들어 타박상을 입으면, 그 장소에 혈액이 집중해서 상한 부위를 조속히 원상 복구시키려고 한다.

그래서 이 원리를 이용해서 불면증을 깨끗이 고치는 방법을 구체적으로 기술해 본다.

우선 배꼽 부분의 정반대가 되는 등 뒤에 베개를 대고 큰 大자로 눕는다. 그리고는 힘껏 허리를 들어, 숨을 크게 내쉬면서 허리를 덜컹 떨어뜨린다. 이 동작을 20회 가량 반복한다. 이렇게 하면 머리에 모여 있던 혈액이 복부에 집중해서 푹 잠들 수가 있는 것이다.

F씨도 이 '혈액 집중법'을 실행하게 됨으로써 불면증에 시달리지 않게 되었다.

불면증에 대한 어드바이스

▶마인드 컨트롤법으로 마음을 바꾼다

그런데 여기에서 불면증의 타입을 분류해 보기로 한다. 단, 이것은 지금까지 기술한 것처럼 완전한 불면증이 아니라, 불면 노이로제의 경우로 받아들여 주기 바란다.

자세하게 나누어 보면, 불면증의 타입은 다음 네 가지로 나누어진다.

A타입＝잠들기가 어렵고, 여간해서 잠들지 못한다.

B타입＝잠이 얕아서 자다 말고 눈을 뜨기가 일쑤이다.

C타입＝일단 눈을 뜨면 다시 잠들기 어렵다.

D타입＝잠이 오락가락하면서 꿈만 꾼다.

A타입은 근심이나 신경에 걸리는 일이 있는 것도 아닌데, 왜 그런지 잠이 오지 않는 경우이다.

이 타입은 신경성이고 책임감이 강하고 꼼꼼한 사람에게서 흔히 볼 수 있다.

'빨리 자지 않으면 내일의 일에 지장이 있다. 자, 자야지, 어서 자야지.'라고 정신이 과잉 흥분하고 있는 것이다.

즉, 이 타입의 사람은 잠에 대해서 대단히 긴장해 있는 것이다. 이것이 점점 악화되면, '내가 오늘 밤 무사히 잠들 수 있을까?'라는 일종의 강박 관념에 사로잡히고 만다.

그렇기 때문에 이 타입의 사람은 겨우 잠들려고 하다가도 사소한 일로 깨어나, 한동안 또 잠을 못 이루고 뒤척이는 경우가 많다. 그러나 잠들기가 어렵다고는 하지만 일단 잠이 들면, 어느 정도 수면을 취하고 있는 것이 보통이다.

"잠을 실컷 자지 못해서 걱정이다."라고 투덜대면서도, 별탈없이 생활을 영위해 나갈 수 있는 것은 그 때문이다.

이 타입의 사람에게는 '마인드 컨트롤법'이 필요하다. 자신의 마음을 마음대로 컨트롤할 수 있는 능력이 결여돼 있으므로 불면이 되는 것이다. 이것은 낮 동안의 활동에 크나큰 마이너스 요인이 된다.

그래서 일, 건강, 장래, 가족 등의 문제는 모두 시간이 해결해 줄 것으로 믿고, 할 수 있는 가능한 것을 소망하되, 가능하지 못한 것은 바라지도 않는다는 마음가짐으로 바꾸는 것이 긴요하다.

▶신경이완법으로 리럭스한다

다음은 B타입이다.

이것은 잠드는 데까지는 그런대로 무난하지만, 밤중에 자주 잠에서 깨어, 아침에 기상해도 푸근하게 잠잤다는 느낌이 없다는 사람이다. 사람에 따라서는 하룻밤에 10회 이상 잠을 깬다. 또한 이 타입의 사람은 쓸데없이 눈을 떴던 횟수까지 명백히 기억하기도 한다.

이 타입은 대개 신경이 과민한 사람에게 많다. 지각신경이 보통 사람보다 날카로워서, 사소한 소리에도 곧 잠을 깬다. 그러나 신경이 모두 과민한 것은 아니어서 다시 곧 잠이 든다.

이 타입의 사람은 '신경이완법'을 마스터하면 좋다. 인간은 밤에 잠잘 때는 신경 활동이 완만해져야 하는데, 그 자동 제어 장치가 엉뚱하게 역으로 작용하기 때문에 불면이라는 현상이 일어나는 것이다.

그래서 신경을 이완시키는 대표적인 방법으로 다음 몇 가지를 열거해 둔다.

(1) 가벼운 운동을 한다.

(2) 미지근한 물에 목욕을 한다.

(3) 가벼운 식사(샌드위치, 카스텔라 등)를 한다.

(4) 만화를 보거나 경음악을 듣는다.

이상의 네 가지 방법을 복합적으로 시도해도 좋다.

▶자신의 최대 능력에 도전한다

다음 C타입은 환경이 일시적으로 변화하는 것에 의해서 흔히 야기된다.

예를 들어, 출장을 가거나 남의 집에 유숙하거나 혹은 긴 해외 여행에서 귀국해 시간차 등의 원인으로 리듬이 깨져 있을 때는 밤 중 두세 시경에 눈을 뜨면, 그 길로 잠들지를 못하는 것이다.

이것은 자신이 지니고 있는 환경에 대한 리듬이 갑작스러운 변화에 처하게 됨으로써, 잠의 리듬이 깨어지게 되기 때문이다. 그러나 이러한 상태는 결코 오래 계속되지 않으므로 걱정할 필요는 없다. 시차에 의한 멍한 상태가 며칠 지나면 원상 회복되는 것처럼 생활 패턴이 몸에 배면 이 상태는 반드시 소멸되기 때문이다.

만약 아무래도 마음에 걸린다면, 이 기회를 이용해서 '스스로의 최대 능력'이 얼마만한 것인지 도전해 보는 것도 좋을 것이다. 즉, 자기의 체력이 얼마나 강한지 실험해 보는 것이다.

언젠가 유명한 강사와 대담을 가졌을 때,

"낯선 잠자리에서 밤에 잠이 깨면, 그것을 기회로 책을 읽기로 하고 있다. 그러면 다음날 강연도 순조롭다. 더구나 나에게 그러한 체력이 있었던가를 깨닫게 되면 기쁘기도 하다."

라고 술회한 적이 있다. '자기 최대 능력'에 대한 도전, 바로 그것이라고 하겠다.

▶여분의 에너지를 발산시킨다

그러면 끝으로 D타입을 살펴본다.

"나는 매일 밤 꿈만 꾸고, 도저히 잠잔 것 같지가 않다."

라고 멍한 얼굴을 하고 있는 사람이 흔히 있는데, 결론부터 말하자면 조금도 걱정할 것이 못 된다.

꿈이라는 것은, 심한 병에 걸려 있는 경우가 아닌 이상, 필요 이상 잠잤을 때에만 꾸게 되는 것이다. 바꾸어 말하자면 꿈을 꾼다는 것은 계속 게으른 잠에 취해 있기 때문이라고 말할 수 있는 것이다.

우리가 꾸었던 꿈을 명백히 기억하는 것은, 아침 잠을 깨기 직전에 꾼 경우이다. 물론 밤중에 무서운 꿈을 꾸고 잠을 깬 후 다시 잠들어 아침에 일어났을 때도 그 악몽에 관해서 기억은 하지만 세부적인 것까지는 기억하고 있지 않은 경우가 허다하다.

아침잠이라는 것은, 엄밀히 말해서 여분의 수면이다. 심신의 피로를 제거하기 위해서 꼭 필요한 수면이 아닌 것이다. 하기야 하룻밤에 꿈을 여러 번 꾸는 사람이 많다. 잠을 깰 때마다 꿈을 꾸었던 것을 기억하며, 이러한 상태가 아침까지 4~5회 반복된다. 그러나 자리를 털고 일어났을 때는, 마지막 꿈만을 어렴풋이 기억한다.

이 타입의 사람은, 왜 그런지 꿈을 꾸었다는 인상이 강하게 작용해서, 밤새 꿈으로만 지새워 수면을 취할 수 없었다고 지레짐작하는 것이 보통이다.

좀더 심한 사람은, '나는 계속 꿈만 꾸었으므로, 거의 잠자지 않은 것과 마찬가지이다.'라고 생각한다.

이것은 어처구니없는 착각이다.

대뇌 생리학자에 의하면, 한 시간 혹은 두 시간이고 계속된 것처럼 생각된 꿈도 실제로는 4~5초에 지나지 않는다고 한다. 그렇다면 하룻밤에 너댓 번 꿈을 꾸었다고 해도, 합계해 보면 30초 미만이 된다. 그러므로 나머지 시간은 남 못지않게 푹 잠잔 것이 되는 것이다.

제 2장에서도 기술한 바와 같이, 꿈은 정수면에 뒤이은 역설수면시에 꾸게 된다. 그리고 어떠한 정상적인 사람이라도 역설수면시에는 꿈을 꾸는 것이다.

그런데도 나는 절대로 꿈꾸는 일이 없다고 주장하는 사람이 있는가 하면, 밤새 꿈으로 지새운다고 투덜대는 사람도 있다. 이것은 결국 꾸었던 꿈을 즉시 잊어버리는 사람이 있는가 하면, 자리에서 일어나서도 얼마 동안은 꿈을 애써 기억하거나, 기억해 내려고 하는 사람이 있다는 것을 의미한다. 전자는 숙면을 할 수 있는 사람이고, 후자는 잠이 얕은 사람이다. 이것을 바꾸어 말하자면 숙면을 할 수 있는 사람은 단시간 수면형이고, 잠이 얕은 사람은 타면형(惰眠型)이라고 할 수가 있다.

이미 소개한 것처럼, 세이부 그룹의 쓰스미 사장 등은, 꿈을 꾸면 즉시 자리를 털고 일어나 버린다는 정도로 단시간 수면형이어서 '꿈을 많이 꾼다는 것은 건강이 좋지 않다는 증거'라고 못박고 있다. 즉 꾸었던 꿈을 선명하게 기억하는 것과 같은 수면 방법은 뜯어고쳐야 마땅하다는 것이다.

이러한 타입의 사람에게 내가 하고 싶은 말은 한 가지밖에 없다. 좀더 수면 시간을 짧게 잡고, 양적인 수면보다는 질적인 수면을 하도록 힘쓰라는 것이다.

'푹 잤다는 만족감이 없는데 설상가상으로 잠자는 시간까지 줄이

불면증은 이렇게 고친다

AE타입	
잠들기가 어려워 여간해서는 잠들지 못한다.	

마인드 컨트롤법

⇨ 일, 건강, 가족 등의 문제는 모두 시간이 해결해 줄 것으로 믿고, 할 수 있는 가능한 일을 소망하되, 불가능한 일은 바라지도 않는 마음가짐을 키운다.

BE타입	
잠이 얕아서 자다 말고 눈을 뜨기가 일쑤이다.	

신경이완법

⇨ 가벼운 운동을 한다. 미지근한 물에 목욕을 한다. 가벼운 식사(샌드위치, 카스텔라 등)를 취한다. 만화를 보거나 경음악을 듣는다.

CE타입	
일단 눈을 뜨면 다시 잠들기 어렵다.	

'자기 최대 능력' 도전법

⇨ 밤중에 잠을 깨면 그 기회를 이용해서 책을 읽거나 음악을 들어, 자신의 체력이 얼마만큼 강한가를 시험해 본다.

DE타입	
잠이 오락가락 하면서 꿈만 꾼다.	

여분 에너지 발산법

⇨ 낮 동안의 운동량을 좀더 늘려 마음껏 에너지를 발산시켜 둔다. 그리고 양적인 수면보다는 질적인 수면을 취하도록 힘쓴다.

라니 엉뚱한 어드바이스'라고 분개할지도 모르나, 이것만이 효력 있는 치료법인 것을 어찌하랴.

보다 적게 잠으로써 거꾸로 숙면 시간이 늘고, 과도하게 꿈을 꾸는 것을 방지할 수 있다. 8시간 수면으로 꿈을 반복하기보다는, 3~4시간 수면으로 꿈을 몰아내는 것이, 잠을 깼을 때의 가뿐한 상쾌감이 몇 배나 더할 수 있다는 것을 알아야 한다.

이 타입의 불면증을 근본적으로 고치기 위해서는 '과분한 에너지 발산법'을 실천할 일이다. 즉, 이 타입의 사람은 운동 부족이어서 식사에 의해서 섭취한 에너지 방출이 적은 것이다. 그래서 에너지가 과잉 상태에 빠져, 자연 본능이 시키는 대로 자기 전에 자리 위에서 뒹굴기도 하고, 목을 돌리거나 좌우로 굴리기도 한다.

즉, '좀더 운동을 해서 에너지를 발산해 달라'고 신체가 호소하고 있는 것이다. 그래서 얕은 잠밖에 잘 수가 없고 꿈만 자꾸 꾸게 된다. 그러니 낮 동안에 마음껏 에너지를 발산해 두는 것이 효과적인 것이다.

▶불면 같은 것은 겁내지 말라

이 복잡한 현대 사회에 살고 있자면 누구나 크고 작은 스트레스를 받게 마련이다. 정확히 자고 먹고 과부족이 없는 운동만 취한다면 누구나 건강할 텐데, 잠자는 것이 고르지 못하거나 소화에 지장이 생기거나 하면 곧 신체의 어디엔가 고장이 생긴다. 불면, 식욕 부진의 악순환이 더욱더 그 사람의 건강을 좀먹는 것이다.

도대체 왜 그렇게 되는 것일까?

그것은 우리들 인간이 감정의 동물이기 때문이다. 즉 정신 상태 하나로, 신체 내부의 여러 가지 기능이 적신호를 나타내기 때문인 것이다.

불면증의 경우도 원인의 거의 모두가 정신적인 문제에서 발단한다. 사소한 기분이 원인이 되어 잠을 이루지 못하게 되는 것이다.

1980년 한 해 동안 일본 전국의 자살자 수는 25,000명에 달했다고 한다. 나는 이 숫자를 보고, '아아, 인간은 이렇게도 허약한 것일까?'라는 회의를 품은 일이 있다.

이 25,000명의 자살자들은 거의 예외없이, 너무나 약한 스스로의 정신을 이기지 못하고, 자기의 생명을 끊은 것이다.

그런 생각을 하니 무엇인가가 신경에 걸려 잠들지 못한다는 것쯤은 극히 사소한 일에 지나지 않는 것이다.

▶불면을 이용해서 '생각하는 사람'이 되라

"잠자지 못한다는 것은 괴로운 일이다."
라고 말하는 사람이 세상에는 많이 있다.

"허, 그렇게 괴롭습니까?"

내가 이렇게 대꾸하면 상대방은 어리벙벙해한다. 이 장에서 거듭 강조한 것처럼 불면증 같은 것은 겁낼 것이 못 되기 때문이다.

"그야 괴롭고말고요. 내일은 중대한 일을 처리해야 하는데, 왜 그런지 눈은 말똥말똥하고 잠들지 못하는, 이런 경험을 한 일은 없습니까?"

상대방이 화를 내듯 이렇게 반문하면 나는 태연히 대답한다.

"있지요. 그러나 괴로운 것은 아닙니다. 나는 오히려 잠 못드는 것을 즐기는 편이어서……."

이 말에 아연실색해지는 상대방의 표정을 지켜보는 일은 즐겁기까지 하다.

'잠이 오지 않는다. 조바심한다. 조바심을 하니 더욱 잠들지 못한다. 괴롭다. 아마도 자기는 세상에서도 가장 불행한 사람인지도 모른다.'

이렇게 생각하는 것이 병인 것이다. 나라면 차라리 이렇게 생각할 것이다.

'잠이 오지 않는다. 좋다, 잠들 때까지 생각에나 잠겨 보자. 사고(思考)에 잠긴다. 머리가 영롱해지는 것이 즐겁다. 한 가지 사고가 끝났는데도 아직 졸음이 오지 않는다면, 다음 생각에 잠겨 본다. 이것도 즐겁다. 시간이 지나가는 것을 잊는다. 그래? 그러면 아침까지 즐기자.'

그러는 중에 어느덧 잠이 든다.

즉, 졸리지 않으면 그것이 찬스라고 생각하는 것이다. 그 시간을 활용해서 낮 동안 할 수 없었던 여러 가지를 심사숙고할 기회를 갖는 것이다. 혹은 바쁜 일과에 쫓겨, 평상시에는 할 수 없었던 즐거운 상념에 잠기기도 하는 것이다.

내가 잘 아는 어느 분은, 오늘 밤은 잠이 올 것 같지 않은 예감이 들면, 다음과 같은 생각에 잠긴다고 한다.

그것은 무엇이든 '베스트 10'을 만드는 것이다. 자기의 지식의 범위 내에서 여러 가지 분야에 걸친 베스트 10을 골라내어 순위를 매기는 것이다. 예를 들어, 그 분은 영화 팬인데 지금까지 몇번이고 영화에 관한 자기 나름대로의 베스트 10을 만들고 있다.

국산 영화 베스트 10, 영화 감독 베스트 10, 인기 스타 베스트 10, 또는 조연자 베스트 10, 미인 여배우 베스트 10 등 얼마든지 있다.

하나의 테마를 정하면 거기에 따라, 차례로 사고의 실타래를 풀어나가는 것이다. 눈을 지그시 감고 드러누워 피곤해지면 돌아눕는다. 왼쪽으로 누워 있었다면 오른쪽으로, 때로는 엎드리기도 하며 잠들기까지 열심히 생각한다.

나는 세상의 많은 자칭 불면증 환자들에게 이 자세를 본받으라고 권장하고 싶다. 잠이 오지 않거든, 그 시간을 활용해서 자기가 흥미를 갖고 있는 일에 관해서 사고를 집중하는 것이다. 즉 '생각하는 사람'이 되는 것이다.

제4장
3시간 수면법을 실천하는 비결

3시간 수면을 달성하는 몇 가지 요령

▶수면 밀도를 100%로 하는 초압축수면

모로 눕기가 무섭게 코를 골기 시작하고, 일어날 때는 벌떡 잠에서 깨는 복된(?) 사람도 얼마든지 있다. 이것은 수면의 양, 그 자체는 적으나 그 내용이 꽉차 있으므로 질적으로 순도가 높은 잠이라고 할 수 있다. 즉, 단시간 수면에 있어서의 이상적인 형태라고 생각할 수 있겠다.

나는 이러한 수면을 '압축수면(壓縮睡眠)'이라고 부르고 있다. 수면이 압축된 것이어서, 3~4시간 수면으로도 가뿐하다. 그 수면 형태가 마치 상자 모양 같은 것이어서, 수직으로 깊어져서 그 밑은 수평을 이루다가, 잠이 깰 때도 수직으로 팍 깬다.

그런데 이와 정반대가 되는 것이 반달형 수면이다. 수면의 깊이가 조금씩 깊어지다가, 잠이 깰 무렵에 가까워지면서 조금씩 얕아지는 형태이다.

만약 3~4시간이라는 단시간 수면에서 수면의 깊이가 이 반달형이라면 어찌될 것인가? 7~8시간 수면이라면 반달형으로 무방하지만, 3~4시간 수면에서 반달형으로서는 통용될 수 없다. 단지 졸립다는 것으로 끝나는 것이다.

보편적인 수면에서 단시간 수면으로 방법을 바꾼 대부분의 사람들이 졸려서 견딜 수가 없다고 호소하는 것은 수면 형태가 아직도 반달형을 유지하고 있기 때문이다. 즉, 수면의 내용은 조금도 압축되지 않았는데 시간만 단축하려고 애쓰고 있는 것이다.

그런데 내가 제창하고 있는 3시간 단면법은, 실로 이 압축수면 정도와는 비교될 수 없는 것이다. 그것을 상회하는 '초압축수면'이라고 말할 정도의 내용을 담고 있는 것이다.

〈수면량＝수면 시간 × 수면의 깊이〉라는 잠의 공식에 관해서는 이미 기술했지만, 나는 여기에 다음 사항을 덧붙이고 싶다.

그것은 양도 아니고 깊이도 아니며 바로 밀도이다. 밀도라는 것은 피로가 완전히 풀릴 수 있는 자세를 취하고 고른 호흡을 하며 잠들어 있는 상태를 가리킨다. 단순한 잠의 깊이와는 그 개념이 다른 것이다. 왜냐하면 대단히 깊은 잠에 빠져 있을 때에도, 내장이나 근육 어딘가를 압박하는 부자연스러운 자세로 잠들어 있는 경우가 허다하기 때문이다.

흔히 잠을 잘못 자서 목이 뻐근할 때가 있다. 잠자는 자세에 따라서는 그 뻐근한 아픔이 3~4일씩이나 지속되기도 한다. 이것은 잠은 깊이 들었더라도, 그 밀도가 수반되지 않았다는 결과라고 생각할 수 있다.

피로가 말끔히 풀리는 자세로, 더구나 고른 호흡으로 잠들어 있으면 교감신경은 물론 부교감신경, 지각신경도 모두 생리적으로 최고의 휴식을 영위하고 있는 것이 된다.

속된 표현에, '나무토막처럼 쓰러져 잔다.'라는 말이 있다. 이것은 정말로 이상적인 수면이라고 할 수 있을까? 나로서는 대개의 경우, 아니라고 말하고 싶다. 나무토막처럼 잠자는 사람은 푹 자고는 있지만, 대체적으로 육체의 어느 부위에 부담을 주는 자세로 잠들어 있다. 등뼈를 구부리거나, 피부의 한 면에만 압력을 가하고 있는 그러한 부자연스러운 자세인 채로 잠들어 있는 것이다.

그러면 이 밀도를 확보하기 위해서는 어떻게 하면 좋은가?

솔직한 이야기로 이것은 어려운 일이다. 왜냐하면 수면 밀도를 높이기 위해서는 잠들기 전의 심신의 피로 상태가 미묘하게 영향을 미치기 때문이다. 즉, 마음에 스트레스가 없고 육체의 피로도 편중되지 않은 쾌적한 것이어야 한다. 또한 내장의 여러 기관에도 병적인 피로가 있어서는 안 된다. 다시 말해서 완전히 건강한 사람이 하루의 피로를 과부족없이 지니고 있는 상태가 아니면 이상적인 수면을 얻을 수 없는 것이다.

보다 좋은 잠을 얻는다는 것은 이처럼 어렵다. '쾌면(快眠)' '쾌식(快食)'을 자부하고 있는 사람일지라도, 수면 밀도는 기껏해야 60~70% 정도가 아닐까? 이것이 만약 100%에 달할 수 있다면 하루의 수면은 3시간으로 흡족할 것이다.

▶**숙면을 낳는 3가지 조건**

짧은 시간에 어떻게 숙면을 취할 것인가? 여기에는 세 가지 조건이 있다.

(1) 두뇌를 쉬게 한다.

(2) 육체를 쉬게 한다.

(3) 내장을 쉬게 한다.

이상의 세 가지를 완전히 충족시키지 않고는 숙면할 수가 없다. 다음에 좀더 구체적으로 설명해 본다.

(1) 두뇌

자리에 누웠을 적에 뇌가 평온한 휴식 상태에 있지 않으면 여간해서 잠들기 어렵다. 흥분의 여운을 지닌 채 잠들면 이내 잠이 깨거나 꿈에 시달리게 된다. 자리에서 일어났을 때, 숙면했다는 느낌이 없는 것은 이러한 경우에 흔하다. 또한 격한 운동이나 육체 노동을 했을 때에도 오히려 잠들기 어려울 때가 있다. 이것은 두뇌와 육체의 피로에 밸런스가 잘 조화되지 않고 있기 때문이다.

(2) 육체

육체가 거의 피로를 느끼지 않고 있는 경우에는, 아무리 두뇌가 휴식을 원해도 숙면할 수가 없다. 두뇌는 피로해 있으므로 잠드는 것은 비교적 쉬우나, 체내에 남아도는 과분한 에너지의 영향으로 심하게 뒤척이거나 몸을 꼬아 숙면을 스스로 방해한다. 그래서 아침에 눈을 뜨면 만족한 숙면감을 느끼지 못한다.

(3) 내장

내장은 에너지를 대량 소비하나 그 양을 의식적으로 컨트롤할 수는 없다. 그러나 이미 기술한 것처럼, 에너지의 사용량은 식사의 양과 질에 비례하는 것은 틀림없다. 즉 소화되기 쉬운 것을 소량 취했을 경우와, 소화가 힘든 것을 다량으로 취했을 경우와는 소비되는 에너지의 양에 큰 차가 생긴다.

특히 위장이나 간장의 활동에는 많은 양의 혈액이 필요하다. 그런데 수면이라는 것은 세포, 근육, 혈액이 모두 안온하게 휴식하고 있는 상태를 뜻한다. 그때 위장에 많은 양의 음식이 남아 있으면 두뇌나 육체는 잠들고자 하는데, 혈액은 위장 주위에 왕성하게 흘러야 하므로, 결과적으로 타면은 할 수 있으되 숙면은 할 수 없게 된다.

이상의 내용을 종합하면 다음과 같다.

① 두뇌와 육체는 함께 충분히 활동을 시키되, 내장은 혹사시키지 않고 잠드는 것이 숙면을 초래한다.

② 머리를 잘 활동시키고 육체를 잘 움직여야 하나, 과식은 거꾸로 마이너스 요인이 된다. 특히 식사 후 2시간 이내에 잠을 자면 위장에 크게 부담을 주어서 숙면을 방해하는 결과가 되는 것이다.

▶기상 · 취침 시간을 엄수한다

'일찍 자고 일찍 일어나기'를 옛사람들은 소중히 생각했다. 아침에는 태양이 뜨는 것과 동시에 일어나고, 저녁에 해가 지면 곧 식사를 끝내고 일찌감치 자리에 든다는 것이 옛사람들의 생리 리듬으로 가장 적합했다.

그러나 현대에는 텔레비전도 라디오도 심야 방송을 하고 있다. 그리고 거리에 나가 보면 철야로 영업하는 술집과 유흥장이 많다. 문명의 발달이라는 것은 '일찍 자기'의 필연성을 말끔히 앗아간 것이다.

지금은 밤중에도 자기가 좋아하는 생활을 선택할 수가 있다. 따라서 수면에 관해서는, 졸려서 자연히 눈꺼풀이 내려덮이는 상태에서 잠자리에 들면 된다.

단지 중요한 것은 일어날 시간을 정해 두는 것이다. 나는 여름·가을에는 어떠한 일이 있어도 4시 45분에 기상한다(겨울·봄에는 5시 45분). 기상 시간이라는 것은 조금만 노력하면 조건 반사로서 생활 속에 정착시킬 수가 있는 것이다.

그것이 습관화되면 비록 1~2시간밖에 자지 못했다 하더라도 반드시 4시 45분에 잠이 깬다. 더구나 이 경우, 수면 시간의 다소는 전혀 몸의 컨디션에 영향을 주지 않는다.

기상 시간을 정했을 경우에 대부분의 사람들은,

"간밤에는 7시간 잤더니 괜찮다."

"4시간밖에 자지 못했더니 영 컨디션이 좋지 않다."

라는 식으로 말을 한다.

이처럼 수면 시간의 길이에 치중하기 쉽다는 것이다. 이것은 아주 잘못된 생각이다. 왜냐하면 이것은 아무런 의미도 없는 자기 암시에 불과하기 때문이다. 수면 시간의 많고 적음은 별로 의미가 없는 것이다——라는 가치관을 자각하지 않는 한, 사람들은 쓸데없는 자기 암시의 포로가 되어 있는 것이다.

나는 밤 10시가 되면, 손목에서 시계를 끌러버린다. 침실에는 괘종시계도 사발시계도 없다. 따라서 몇 시간 잤는지를 확실히 모른다. 그렇지만 이튿날 새벽 4시 45분이 되면 잠이 깬다. 즉, 수면 시간 같은 것은 계산하지도 않는 것이다.

"간밤에는 얼마만큼 잤습니까?"

라는 질문에 내 대답은 언제나 같다.

"글쎄요…… 몇 시간이었는지…….""

컨디션이 나쁜 것을 수면 부족 탓으로 돌린 일은 한 번도 없다.

그렇다면 어찌해야 매일 아침 정해진 시각에 잠을 깰 수 있을까? 거기에 대해서 이야기하겠다.

우선 잠들기 전에 누운 채로, ——내일 아침에는 ×시 ×분에 기상이다——라고 스스로에게 타이른다. 그리고 그것을 주문처럼 4~5회 반복해 말하면, 잠재 의식이 작용해서 그 시간에 이상하게도 눈을 뜨게 된다. 이때 시계 바늘이 ×시 ×분을 가리키고 있는 상태를 연상하고, 그 이미지를 뇌리에 새겨 두는 것이 포인트이다.

다음에 매직 펜 같은 것으로, 기상 시간을 크게 쓴 종이를 베갯머리에 붙여두고, 잠들기 전에 얼마 동안 응시한다. 이것도 잠재 의식 속에 그 시각을 새겨 두는 데 효과가 크다.

마지막으로 카세트에 자기의 목소리를 녹음해서, 타임을 맞추어 두었다가, 그 시간이 되면 그 소리가 흘러나오도록 한다. 즉, ——아무개! 이제 일어날 시간이다. 우물쭈물하지 말아라——와 같은 내용이면 좋다. 이것은 남의 목소리면 안 된다. 반드시 자기 목소리로 자기 이름을 부르게 함으로써, 잠재 의식이든 현재 의식(顯

在意識)이든 급격히 작동하게 하는 것이다.

그런데 기상 시간에 잠을 깰 수 있다 하더라도, 중요한 것은 그 다음이다. 잠에서 깨면 얼마 동안은 누구나 머리가 흐릿하게 마련이다. 그래서 우물쭈물 따뜻한 이불 속에서 시간을 보내기 십상이다. 하지만 그래서는 헛일이다. 눈을 뜨면 즉각 일어나 앉아야 하는 것이다.

'5분만 더……' 하면서 이불 속에 미련을 갖고, 거기에 취하는 사람이라면 도저히 단시간 수면에 의해 깊은 숙면을 얻기는 틀린 일이다. 그렇게 해서 5분을 꾸물대다 보면, 다시 5분이 더 탐나게 마련인 것이다. 그래서 잠이 잠을 부르는 헛수고가 계속된다.

이 습관을 과감하게 타파해야만 하는 것이다. 눈을 뜨면 가차없이 벌떡 일어나는 것이다. 전력을 기울여 '5분만 더'를 때려 부셔야 한다. 그러한 자기와의 싸움에서 이기고 일어나면, 잠시 몽롱했던 두뇌도 순식간에 깨어난다. 익히기 힘들지만 익숙해지면 결코 괴롭지 않고 오히려 상쾌하다.

▶5분간의 가수면으로 타의 추종을 불허한다

일을 척척 처리해 나가는 비즈니스맨 중에는 수면 시간이 짧은 사람이 많다는 것은 다 아는 사실이다. 낮 동안에는 일에 파묻히고, 밤에는 통쾌하게 마시고, 그러면서도 피로를 모르는 듯 원기 왕성하다. 그 능력은 어디에서 오는 것일까?

모 종합 상사의 영업 과장인 U씨(41세)의 이야기이다.

"나의 수면 시간은 평균 하루에 3~4시간입니다. 이 정도가 가장 적합한 것 같구요. 5시간 이상 자면 오히려 몸이 느슨해집니다."

그러나 그 대신 U씨는 낮잠의 명수로, 오후가 되면 책상을 떠나 비어 있는 응접실로 뛰어들어가서, 소파에 앉자마자 잠들고 만다. 그뿐이 아니다. 전철이나 버스와 같은 탈것에 타도 5분 이상의 시간 여유가 있으면 즉시 가수면(假睡眠)을 취한다. 그것을 집계하면 약 30분에서 한 시간 가량이 된다. 짧은 잠에서 깨어날 때마다 머리도 육체도, 거짓말처럼 상쾌해진다는 것이다.

이처럼 불과 5분씩이라도 가수면을 취하면 그 효과는 크다.

'설마, 단지 5분쯤의 잠으로?'라고 그 효능을 의아스럽게 생각할 독자도 많겠지만 사실이다.

만일 당신이 매일 밤 7~8시간 자고 일어나서는, 쉬지 않고 활동하고 있는 것이라면, 수면 패턴을 한 번 완전히 바꾸어 보기를 권한다. 즉 3~4시간 수면하고, 틈나는 대로 5분 내외의 가수면을 취하는 것이다. 이편이 활동 시간을 늘릴 수 있거니와 가수면에 의해서 뇌가 맑아지므로, 일이나 공부에 열중할 수 있다. 인간도 기계와 같아서 긴장과 이완을 반복함으로써 보다 활동적이고 능률적일 수가 있는 것이다.

등산을 예로 들면 직선 코스로 정상까지 오르기보다는, 커브를 그리면서 올라가거나 적당한 간격으로 잠시 휴식을 취하면서 진행하는 편이 피로가 덜하다. 그리고 그편이 합리적이다. 수면에서도 마찬가지인 것이다. 1회의 수면으로 피로를 전부 제거하려 하지 말고, 몇 회로 나누는 것이 효과적이다.

의학 실험에서도 5분 가량의 가수면을 몇 번으로 나누어 취함으로써, 인간이 필요한 휴식을 얻을 수 있는 것으로 되어 있다.

어쨌거나 현대는 극심한 경쟁 시대이다. 남보다 한걸음 앞서 두각을 나타내기 위해서는 일이나 공부에 시간을 좀더 할애해야 한다. 그러기 위해서는 수면 형태나 질을 합리적으로 재편성할 필요가 있다.

이러한 가수면을 잘만 활용하면 상당한 여분의 일까지도 처리할수가 있다. 아니, 일만이 아니라 시험 공부에 쫓기는 학생에게도 이것은 강한 무기가 된다. 라이벌보다 배에 가까운 시간을 향유할수 있기 때문이다.

그런데 제2장에서 외눈 수면법에 관해서도 언급한 바 있지만, 공부에 쫓겨 수면 시간이 아까울 판국에서는, 이 한쪽 눈씩 가리고자는 수면법도 한 번 시험해 보기 바란다.

이것을 마스터하면 밤을 새워 공부하면서도 수면을 취할 수가 있는 것이 된다.

▶느슨한 기분을 다그쳐라!

지금까지 몇 번이고 언급한 바이지만, 수면이라는 것은 부교감신경의 움직임이 활발해짐으로써 비로소 스무드한 것이 된다. 낮동안 교감신경을 잘 활용하고, 정신적인 피로와 육체적인 피로의두 가지의 조화를 이루어 돌아감으로써, 쾌적한 수면이 약속되는 것이다.

그러기 위해서는 낮 동안 멍청한 시간을 단 1분이라도 가져서는 안 된다. 하루의 활동 시간 중에 이러한 시간이 생기면, 그날은 아마도 좋은 수면을 취할 수가 없을 것이다.

나는 정신적으로나 육체적으로 틈이 있는 시간을 갖지 말라고 주장하고 있다. 가능한 일이라면 다람쥐처럼 바쁘게 하루를 보내라고 말하고 싶다.

십여 년 전, 나는 너무 심할 정도로 바쁜 나날을 보냈었다. 요가 지도자로서의 명성을 얻어 출판사마다 의뢰해 오는 원고 청탁에 쫓겨 펜을 휘둘러댔다. 또한 텔레비전이나 라디오 출연이 꼬리를 이었고, 심지어 심야 방송의 D.J 일까지 맡고 있었다.

그 무렵은 2~3시간 수면이 보통이었고, 사흘을 계속 철야하는 일도 보통이었다. 그러나 나의 두뇌는 맑을 대로 맑아서, 그 기간 동안 30여 권의 책을 썼는데도 잔병치레 한 번 하지 않았다. 즉 나는 마음껏 일하고 마음껏 놀아 여력을 남기지 않았던 것이다. 눈코 뜰 새 없는 매일매일을 자신을 철저하게 연소시키고도, 건강을 속속들이 향유할 수가 있었던 것이다.

하루를 열심히 일하고 생각하고 만사에 열중한다. 느슨한 청신은 금물이다. 이처럼 열심히 살면 반드시 숙면을 취하게 마련인 것이다.

식사와 호흡이 3시간 수면을 좌우한다

▶인간은 하루 한 끼로 족하다

인간이란 이상한 것이어서 잠을 탐하면 더욱 잠이 늘게 마련이다. 즉 잠이 잠을 부르는 것이다. 이렇게 무작정 잠에 취할 정도가 되면 몸은 더욱 나른해지고 머리는 흐리멍덩해진다. 따라서 숙면을 취하기 위해서는 여분의 수면 시간을 깎아내리는 것이 중요한 것이다. 그러나 지금까지 8시간 수면을 가장 이상적인 것으로 믿고, 그렇게 생활해 온 사람에게 아무런 준비도 시키지 않고,

"내일부터 3시간 수면을 시행하시오."

라고 윽박지른다고 되는 일이 아니다.

불필요한 수면 시간을 깎아내기 위해서는 우선 '소식(小食)'을 지켜야 한다. 이것은 글자 그대로 '적게 먹는다'는 의미일 뿐, 어렵게 생각할 필요는 없다.

수면이라는 것은 앞서 이야기한 것처럼 내장에 피로가 옴으로써

발생한다. 내장이 피로해지는 주된 원인은 식사에 의해서 시작된다. 먹으면 먹을수록 내장의 피로는 더해지고, 그 피로를 회복하기 위해서는 더욱더 많이 자야 한다.

여기에서 하나의 학설을 소개한다.

그것은 '인간은 하루에 한 끼로 족하다'는 주장이다. 이것을 제창하고 있는 분은 노동 과학 연구소 소장인 고야마 의학 박사이다. 고야마 박사는 혈액 순환 연구에 몰두한 지 십여 년으로, 그 방면에서는 자타가 인정하는 대가이다.

고야마 박사의 이론을 요약해 보면 다음과 같다.

——인체 내에는 일주일 동안 아무것도 먹지 않고도 충분히 지탱할 만한 에너지가 있다. 체내에 섭취된 영양은 세포 속에 들어가, 공복이 되면 혈액을 매개로 해서 에너지로서 소비되는 것이다. 그러나 현대인은 과식에 의해서, 기존의 에너지를 소진하기도 전에 새로운 영양을 보급한다. 따라서 에너지를 축적하는 방향으로만 혈액이 흐르고, 역방향으로는 여간해서 움직이지 않는다. 이것은 결코 몸에 이로울 수가 없다.——

즉, 건강이란 혈액의 순환이 원활해야 비로소 성립된다는 말이다. 이른바 '피가 잘 통하는' 몸이 건강체라는 것이다. 그래서 혈액의 유통을 스무드하게 하기 위해서는, 너무 과식하지 말고 이미 세포 내에 축적되어 있는 지방을 에너지로서 활용하는 일이 중요하다는 것이다.

이것은 나 역시도 25년 동안에 걸친 식생활 연구에서 같은 결론을 얻고 있다.

그런데 배가 고프면 어떻게 해야 할까?

——달리는 것입니다. 20분이나 30분 러닝을 하면 공복감이 사라집니다. 달려서 혈액 순환을 좋게 해서, 세포 내에 있는 지방을 에너지로 바꾸면 되는 것입니다.——

라고 고야마 박사는 주장한다. 이렇게 해서 공복을 느끼는 시간을 되도록 오래 지속하면 위장병이나 성인병은 일어날 여지가 없어진다는 것이다.

그런데 앞에서 '식사를 하고 2시간 내에 잠자면 위장에 부담을 준다.'라고 기술했지만, '1일 1식'을 실천하는 한은, 먹고 곧 잠자도 무방하다.

고야마 박사는 말한다.

——잠자기 2시간 전에 식사를 해서는 좋지 않다고 하나, 그것은 하루에 세 끼를 먹는 사람의 경우이다. 1일 1식, 그것도 적당량이라면 수면중에 위장에 충분한 혈액을 모을 수가 있고, 소화 흡수가 대단히 좋아지므로 비만이 될 걱정은 없다. 오히려 많이 먹기 때문에 위에 부담이 가서 숙면을 저해하는 것이다.——

현대인은 분명히 과식을 하고 있다. 과식을 하니까 여분의 지방이 체내에 쌓여 여러 가지 질병을 불러일으키고, 밤에도 불면증에 시달리게 된다.

나는 십여 년 동안 하루에 한 끼 내지 두 끼의 식생활을 계속하고 있지만, 이만큼 쾌적한 생활 방법이 달리 있으리라고는 생각지 않는다. 덕분에 내장의 피로도는 가벼워지고 단시간 수면을 어렵지 않게 실천할 수가 있는 것이다.

▶알칼리성 식품이 숙면을 낳는다

그런데 3시간 수면을 효과적으로 실천하자면 무엇을 먹을 것인가가 특히 중요하다.

혈액은 교감신경이 활발하게 움직이고 에너지가 대량으로 소비되는 동안은 산성이 되어 있다.

그런데 부교감신경이 활발해지면 혈액은 알칼리성으로 기울어져서, 혈압은 하강하고 심장의 고동은 완만해지며 눈은 흐릿해진다. 거꾸로 위나 장의 소화액의 분비는 왕성해진다. 이것이 잠을 부르는 데 안성맞춤격인 이완의 상태인 것이다.

3시간 수면법에서는 부교감신경이 보다 빠르고 효과적으로 일할 수 있는 상태를 의식적으로 마련하는 것이 긴요하다. 그러기 위해서는 일상적인 식생활에서 알칼리성 식품을 중심으로 바꿀 필요가 있다.

알칼리성 식품을 많이 취하면, 취침시에 교감신경으로부터 부교감신경으로의 전환이 스무드해지고, 초압축수면을 쉽게 할 수 있게 된다.

예를 들어 신선한 야채·김·미역·다시마와 같은 해조류, 찌거나 말린 생선류, 그리고 과일 등은 모두 알칼리성 식품이다. 특히 혈압을 내리게 하는 요오드를 내포하는 미역은 부교감신경의 움직임을 활성화하는 데 최적이다.

귤이나 레몬도 좋다. 이것을 조금씩 매일 먹으면 숙면 효과 외에 체내의 살균 작용에도 효력을 발휘한다.

또 한 가지, 먹는 것이 아니라 냄새에 의해서 숙면을 촉진하는 식품이 있는데 그것은 양파이다. 양파를 잘라서 머리맡에 놓아둔다. 가능하면 잠자기 30분 전에 양파(4분의 1정도)를 머리 좌우쪽으로 30센티 가량 거리를 두고 놓아두면, 그 독특한 냄새가 콧속에 자극을 주어 어느덧 잠을 유발시킨다.

▶잠에서 깨었을 적에 상쾌해질 수 있는 요령

아침에 상쾌하게 잠에서 깬다는 것은 정신력만으로는 안 된다. 그날의 신체적인 컨디션이 크게 관계되기 때문이다. 이 컨디션이라는 것은, 그 전날 저녁때부터 밤에 걸쳐 무엇을 먹었느냐에 크게 영향을 받는 것이다. 이것은 잠을 깰 때에 기분을 좌우하는 중요한 포인트이다.

전날 저녁에서 밤에 걸쳐 신체의 리듬을 깨는 방향으로 지낸 사람은 상쾌하게 잠에서 깨어나기를 기대하기란 어렵다. 밤에 과식을 했거나 육류를 포식해서 산성 과다에 빠지거나 하면 이튿날 아침 기상시의 기분은 극히 좋지 않은 것이 된다.

수면중에 위장이 무리를 하면, 해독 작용을 관장하는 간장에도 부담이 간다. 그러면 이번에는 신장이나 방광도 과로해진다. 즉, 밤에 소화가 더딘 음식을 과식하면 내장은 곧장 비명을 올리는 상태가 되는 것이다. 흔히 '밤샘은 몸에 이롭지 않다'고 하지만 그것도 야식으로 무엇을 먹느냐가 문제이다. 인스턴트 식품인 라면이나 햄버거 등을 먹으니까 컨디션이 빗나가는 것이다.

▶피로를 줄이는 데는 요령이 있다

인간은 매일, 다량의 에너지를 소비하고 있다. 에너지는 태워버리 만큼 태워버리라고 앞서 기술했지만, 그것은 어디까지나 필요한 에너지를 가리켜 말한 것이다. 따라서 에너지의 낭비와는 다르다.

3시간 수면을 원활히 해나가는 데에 필요한 것은 에너지의 절약 이다. 낭비가 나쁜 것은 경제 뿐만 아니라 우리의 활동 에너지에도 적용되는 것이다.

여기에서 피로와 수면의 상관 관계를 알기 쉽게 설명해 보겠다.

가령 당신의 하루의 피로도 지수를 ⑩이라고 하자. 이것을 완전 히 회복시키기 위한 휴식(수면) 시간 지수는 일반적으로 말하자면 ⑩이 된다. 그러나 실제로는 산소를 효율적으로 취하는 호흡 방법 과 자세를 컨트롤하고 있으면, 휴식 시간 지수는 ⑨에서 ⑧을 밑돈 다. 경우에 따라서는 ⑦이나 ⑥이 될지도 모른다. 그러나 ①이나 ②는 될 수가 없다. 회복력에는 역시 한계가 있기 때문이다.

그러나 이것을 ⑤나 ④로 할 수 있는 방법이 있다. 즉, 피로도 지수를 내리면 된다. 그러기 위해서는 낮 동안 소비되는 에너지를 잘 가감해서 교묘하게 절약하면 되는 것이다.

예를 들어 당신은 어떠한 걸음걸이를 하고 있는가? 상체의 힘을 빼고 신체를 지면과 수직으로 해서 성큼성큼 걷는 사람은, 어깨를 흔들며 앞으로 구부정하게 걷는 사람보다 훨씬 피로도가 적다.

의자에 앉을 때도 피로도가 덜한 방법을 염두에 둘 일이다. 흔히 다리를 꼬는 사람을 보게 되는데 표면상으로는 편한 것 같지만 실

은 피로가 가중되는 자세이다. 꼰 다리 아래쪽이 압박을 받아 피가
정체되기 때문이다.

이처럼 에너지를 낭비하지 않도록 신경을 쓰면, 3시간 수면은 보
다 스무드한 것이 된다. 피로도 지수를 감소시키고 거기에 맞는 수
면 시간 지수를 짝지을 수가 있는 것이다.

▶뇌를 활성화하는 호흡법

잠자고 있는 동안에 머리가 좋아지는 방법이 있다. 그것은 숙면
중에 심호흡을 하는 것이다. 그것이 가능한 것은 산소를 체내에 많
이 들어오게 한 후에 잠드는 방법이다. 그 방법은 다음과 같다.

우선 양쪽 콧구멍과 입으로부터 크게 숨을 들이마시고, 머리를
마음껏 뒤로 젖힌다. 다음에 앞으로 내밀면서 숨을 죽인다. 그 다
음에는 턱을 가슴 쪽에 밀어붙이는 기분으로 머리를 숙여, 이와 이
사이로, 그리고 동시에 코로 차분하게 숨을 내뱉는다. 이 호흡법을
일곱 번 반복하면 된다.

숨을 죽이는 시간은 7초를 기준으로 해서, 처음에는 7초, 두번째
는 7×2인 14초, 세번째는 7×3의 21초 식으로 한 단계씩 길게 해
나간다.

그런데 인간의 두뇌의 능력을 분류해 보면, 이해력, 계산 능력,
응용력, 선견력, 창조력 등 여러 가지가 있으나, 그중에서도 가장
중요하다고 생각되는 것이 기억력이다.

입학 시험이나 입사 시험이라는 것은, 그 사람이 얼마만한 지식

을 비축하고 있는가를 측정하는 수단이라고 말할 수 있다.

이 기억력이라는 것은, 그 사람이 사용하는 뇌세포의 양에 의해서 차가 생긴다. 인간은 약 140억에 달하는 뇌세포를 갖고 있다고하는데, 그중에서 실제로 쓰고 있는 뇌세포는 불과 6%에 치나지않는다. 나머지 94%는 놀리고 있는 것이다. 하느님이 주신 자원의낭비가 이만저만이 아니다.

여기에 소개한 취침 전의 호흡법은 뇌의 활성화를 꾀하는 것이다. 산소를 보다 많이 대뇌에 보냄으로써, 뇌세포의 활동이 한층높아지고 기억력을 증진시킨다. 이 호흡법은 아침에 눈을 뜬 직후에 하는 것도 좋다. 그렇게 하면 심신이 상쾌해지고 기상 후에 잠시 지속되는 멍한 느낌도 곧 해소된다.

활동적이기를 원하는 인간에게 있어서 중요한 것은, 잠을 깬 후워밍업에 늦장을 부리지 않는 일이다. 일어난 지 10분 내외에는,마치 사자가 먹이를 덮치듯 민첩한 상태에 심신이 놓여 있어야 바람직하다.

"일어나서 두어 시간은 머리도 몸도 엔진이 걸리지 않아서 말이야……."

라고 투덜대는 사람이 있는데, 이것은 잘못된 잠을 잤다는 증거이다. 즉, 자기 자신을 컨트롤하지 못한 것이다.

인간의 신체는 자동차와도 비슷해서, 정밀한 부품이 모여 이루어지고 있다. 엔진이 곧 걸리고 즉시 출발할 수 있는 것이 좋은 차라면, 인간의 경우도 같다고 할 수 있다. 아침의 워밍업에 시간이걸리는 것은, 시간의 낭비에 지나지 않는다. 신속히 행동에 옮길

3시간 수면법을 실천하는 요령

1일 1식주의

위장을 포함한 내장
의 피로를 덜어준다.

⇨ 　수면은 소화 · 흡수에 의한, 위장을 비롯한 내장의 피로를 야기시킨다. 식사량을 줄여서 이미 체내의 세포 속에 축적되어 있는 지방을 에너지로써 활용한다.

알칼리성 식품

부교감신경을 활발
하게 한다.

⇨ 　알칼리성 식품은 취침 전에 교감신경으로부터 부교감신경으로의 전환을 스무드하게 한다. 신선한 야채 · 미역 · 다시마 · 과일 · 작은 생선 등.

옳은 호흡법

뇌를 활성화한다.

⇨ 　7초 · 14초 · 21초……
7초를 기준으로 해서 숨을 죽이고 조금씩 길게 연장한다.

수 있어야 활동적인 인간이라고 할 수 있는 것이다.

앞에서 나는 4시 45분에 정확히 눈을 뜬다고 했는데, 워밍업은 10분 정도면 충분해서, 5시 전까지는 두뇌도 육체도 활동할 태세에 들어가 있다.

그러기 위해서 나는 늘 베갯머리에 젖은 물수건을 준비해 두었다가, 잠이 깨는 즉시 수건을 집어들고 얼굴을 문지르는 것으로 일과를 시작한다.

내친 김에 눈을 떴을 때, 즉시 자리 위에서 할 수 있는 각성 효과가 큰 운동을 소개해 두겠다. 즉 양다리의 엄지발가락과 둘째 발가락을 탁탁, 소리가 날 정도로 반대 방향으로 튕기는 것이다. 이것을 5분 가량 하면 3킬로 정도 달린 것과 동등한 각성 효과를 얻을 수 있다. 자리에서 일어나기가 힘이 드는 사람은 시도해 보기 바란다.

거듭 말하지만 아침에 눈을 뜨고도 이부자리 속에서 꾸물거리는 사람은 귀중한 삶의 시간을 헛되이 보내고 있는 것이다. 그것을 집계한다면 일생 동안 상당한 시간을 낭비한 것이 될 것이다. 헛된 시간을 살리고 또한 잠들기와 잠깨기를 효과적으로 하기 위해서도 올바른 호흡법으로 두뇌에 많은 산소를 보내줄 필요가 있다. 그러면 지금과는 다른 쾌적한 상태를 느낄 수 있을 것이다.

운동이 가져다 주는 숙면과 건강

▶잠의 워밍업이란?

지금까지 기술한 것처럼, 3시간 수면은 급격히 깊은 잠에 돌입하는 것이 포인트이다. 즉, 초압축수면이 가능해져야 한다. 그러기 위해서는 어떠한 점에 유의할 것인가? 그것을 조항별로 설명해 본다.

(1) 커피·콜라 등 카페인이 든 것은 취침 전 2시간 이내에는 마시지 않는다.

체질에 따라 잠자기 전에 녹차나 커피를 마셔도 끄떡도 하지 않는 사람도 있다. 그러나 카페인이 들어 있는 한 흥분 작용이 영향을 끼쳐 잠드는 것과는 상극이라고 할 수밖에 없다.

최근에는 대부분의 가정에서 아침에 커피를 마시게 되었는데 이것은 신경에 자극을 주어, 잠을 깬 연후의 몽롱한 상태를 빨리 벗어나게 하는 데 도움을 준다.

같은 의미에서, 근무중에 가끔 차를 마시는 것도 좋다. 회사에서 여러 잔 커피를 마시는 비즈니스맨은, 무의식중에 뇌를 흥분 상태에 두고 있는 것이 된다.

(2) 담배를 줄인다.

담배의 니코틴은 아드레날린의 분비를 촉진해서, 그 때문에 교감신경이 흥분하므로, 아무래도 잠드는 데는 마이너스 요인으로 작용한다. 니코틴은 카페인보다도 빠른 스피드로 대뇌를 흥분시키므로 졸림을 쫓아버린다. 그런 의미에서 아침의 담배 한 모금은 각성 상태에 도움이 된다.

(3) 취침 직전에는 뜨거운 욕탕물에 들어가지 않는다.

사람 중에는 살을 델 것 같은 뜨거운 탕물에 들어가야 목욕을 한 기분이 되는 사람도 있으나, 이것은 몸에 별로 좋지 못하다. 혈행(血行)이 너무 촉진되어 교감신경을 자극하기 때문에 탕에서 나와 곧 잠들 수가 없다.

우리의 몸에 가장 적당한 탕의 온도는 37도 전후이다. 인간의 체온이라는 것은 피부 표면에서라면 아무리 더운 여름이라도, 발한작용(發汗作用)에 의해 자연히 체온을 조절해 주기 때문에 체온이 30도 내외를 넘어서는 일은 없다.

하여간 체온보다도 높은 탕물에서의 목욕은 3시간 수면을 하고자 한다면 그만두는 것이 좋다. 오히려 미지근한 물에서의 목욕이 효과적이다.

▶격렬한 운동은 저녁 식사 전에 하라

초압축수면을 위한 워밍업에 관해서 좀더 이야기를 하자.

(4) 취침 2시간 전까지 모자랄 듯한 분량의 식사를 한다.

식후에 졸리는 것은 지극히 정상적인 일이다. 식후에 위에서 소화·흡수 작용이 시작되면 부교감신경의 활동으로 인해 혈압은 내려가고 호흡도 완만해진다. 당연히 교감신경의 활동도 저하하고, 심신이 아울러 활동 리듬이 풀어져서, 이것이 졸음이라는 현상으로 나타난다.

그렇다고 해서 먹기만 하면 곧 졸음이 오는 것은 아니다. 위의 소화·흡수가 활발해지는 것은 식후 한 시간 정도이다. 따라서 3시간 수면을 실천하기 위해서는, 잠들기 2시간 전에 식사를 하면 좋다는 이야기가 된다.

단, 배가 부르도록 먹는 것은 좋지 않다. 자리에서 천정을 향하여 누웠을 때에 배가 불룩한 것은 최악의 상태이다.

또한 배가 고파도 잠들기 어려운 것은 사실이다. 이것은 공복에 의해서 혈액 중의 영양분이 결핍되어서, 그 신호가 대뇌에 전달되어 교감신경이 자극을 받아서 서서히 활동을 시작하기 때문이다.

이럴 때는 유동성이 있는 단것을 약간 위에 보내 주는 것이 좋다. 예를 들어 흑설탕(백설탕은 불가)을 뜨거운 물에 탄 것이나, 꿀물이 그것이다. 이로써 공복감은 해소된다. 위장은 대단히 둔감한 장기로서, 극히 소량의 단 음식만으로도 공복감을 잊게 되어 있다. 시장기를 느낀다고 해서 다량의 식사를 취하면, 소화·흡수 작용이 격렬해져서 위를 혹사하는 것이 된다.

(5) 취침 직전의 심한 운동은 금물이다

이것은 흔히 착각을 하기 쉬우므로 특히 강조해 두겠다. 적어도 취침 1시간 이내에 과격한 운동을 하는 것은 거꾸로 심신을 각성시키는 것이 된다.

내가 잘 아는 어느 컴퓨터 기사는 평상시에 늘 이런 소리를 했다.

"우리는 이른바 정신 노동자이므로, 피로가 조화를 이루지 못합니다. 즉, 머리만 피로하고 신체는 피로와 인연이 멉니다. 그래서 잠이 잘 오지를 않습니다."

즉, 마음과 몸이 양쪽 다 과부족없이 활동해야 비로소 푹 잠들 수 있을 것이라는 이야기이다. 그래서 그분은 스스로 신체에 피로를 주기 위해서, 취침 전에 조깅과 줄넘기를 시작했다.

조깅은 약 2킬로미터, 줄넘기는 대략 200회 정도 스스로를 강제하다시피해서 매일 실행했다. 그 결과 수면은 개선되었을까?

"이전보다는 쉽게 잠들게 되었습니다만 숙면을 취할 수가 없습니다."

당사자는 몹시 의아스러운 표정이었다.

그분의 이야기로는 운동을 끝내면 뜨거운 물로 샤워를 하고, 거실에서 잠시 쉬지도 않고, 이부자리 쪽으로 직행한다는 것이다. 그 시간이 불과 30분 남짓, 이로써는 숙면을 취할 수가 없다.

육체를 피로하게 함으로써 숙면을 기대하는 것이 틀린 일은 아니다. 그러나 운동에 의해 교감신경의 흥분이 앙양된 상태에서 잠자리에 들기 때문에, 3시간 수면에는 마이너스 효과를 초래하는 것이다.

일상 생활에서의 운동 부족을 보충하기 위해서라면, 늦어도 저녁 식사 전에 하는 것이 바람직하다. 그 시간대라면 아무리 심한 운동을 하더라도 효과는 마이너스 요인과는 거리가 멀어진다.

▶적당한 운동량은 숙면에 좋다

조금 전에, 격심한 운동을 취침 전에 하면 역효과라고 기술했는데 그렇다면 언제쯤, 어떤 운동을 어느 정도 하면 효과가 있는 것일까?

"나는 운동은 싫어하지만, 그렇다고 질병에 시달린 일도 없으니 운동을 하지 않는다고 해서 별 지장은 없는 것 같다."

라고 딴전을 피우는 사람이 있다면, 나는 이렇게 말해 주고 싶다.

"아직 젊으니까 그런 말을 할 수 있는 것이다. 평상시에 운동을 게을리했다가는 나이가 들면서 수족이 눈에 띄게 허약해진다. 그러면 뒤이어 장기(臟器)에 차례로 병이 온다."

운동에는 일석이조의 효과가 있다. 하나는 심하게 몸을 움직임으로써 심장이 튼튼해지고, 수족과 허리가 강인해진다. 즉, 안팎을 두루 단련시킴으로써 건전한 심신을 유지하게 된다. 이렇게 연마되는 육체는 최고의 의상을 입은 것과 같다고 나는 늘 생각하고 있다.

그리고 또 하나는 잠들기가 쉽고 숙면을 취할 수 있다는 것이다. 이로써 더더욱 건강한 심신을 갖게 된다. 운동을 '부작용이 없는 수면제'라고 표현한 사람에게 경의를 표하고 싶을 정도이다.

그런데 이 운동에서 무엇보다도 유의해야 할 것이 '지나친 것은 금물'이라는 점이다. 근육이라는 것은 과도하게 혹사하면 피로가 축적되어 고통을 느끼나, 적당한 운동량일 때는 심신이 상쾌해져서 질이 좋은 수면을 얻을 수 있다.

그러면 어느 정도가 적당한 운동량이 될 것인가? 예를 들어 조깅이라면, 완만한 스피드로 2킬로나 2.5킬로 정도가 될 것이다. 그 이상 달리면 교감신경을 과도하게 흥분시킬 뿐이다. 매일 반드시 시행한다는 것을 전제 조건으로 한다면, 더구나 그 이상의 조깅은 필요가 없어진다.

여기에서 잠시 주의해야 할 점은, 운동 후 곧바로 욕탕에 뛰어드는 것은 좋지 않다. 운동 직후에는 교감신경의 활동이 활발하므로, 욕탕에 몸을 담근다고 해서 충분히 피로가 풀리지 않기 때문이다. 욕탕에 들어가는 것은 한 시간 이상 경과 후가 좋다. 즉 교감신경의 활동이 서서히 가라앉고 대신 부교감신경이 천천히 눈을 뜨는 타이밍에 목욕을 하면, 운동에서 온 피로를 원활히 풀 수가 있는 것이다.

근래에 공터에서의 아마추어 야구가 성행하고 있는데, 이것은 운동으로서 대단히 조화된 것이라고 할 수 있다. 적극 권장하고 싶지만, 단순히 시합만 하는 것으로는 운동량이 부족하다. 시합 전에 열심히 연습하는 과정에서 땀을 흘려야 비로소 적절한 운동이 될 것 같다.

야구의 경우는 던지기 50번, 때리기 50번, 달리기(전력질주) 300미터 정도가 적당량으로 나는 생각한다. 그 이상은 일상적인 운동으로서는 과도한 것이 되고, 그 이하로서는 운동으로서의 효과가 별로 없다.

테니스나 수영도 좋은 운동이다. 테니스라면 싱글의 경우 20~30분, 수영이라면 50미터 길이의 풀을 3~4회 왕복하는 것으로 적당량의 운동이 된다.

단 야구에서나, 테니스에서나, 혹은 골프에서든, 오른쪽 팔을 주로 쓰는 사람은 일부러 왼팔로도 공을 치는 연습을 해야 하겠다. 그렇게 하지 않으면 척추나 좌골에 압박이 와서 신체의 균형이 깨지기 때문이다. 오른쪽에 대해서 왼쪽, 왼쪽에 대해서는 오른쪽이라는 밸런스가 잡힌 운동이야말로, 참된 건강에 도움이 되는 것이다.

▶운동 부족 해소는 걷는 것이 제일이다

"나는 이렇다 할 운동을 하는 것은 아닙니다만, 기회 닿는 대로 걷기로 하고 있습니다."

만약 이렇게 말하는 사람이 있다면 나는 즉석에서,

"옳은 방법입니다."

라고 말한다.

인간의 움직임의 기본은 다리이다. 어떤 사람이라도 매일, 자신의 두다리로 걷고 있다. 하루에 500미터 정도밖에 걷지 않는 사람이 있는가 하면, 3~4킬로 걷는 사람도 있다. 그런데 그 차이를 긴 안목으로 보면 굉장한 것이 된다. 인간은 걷는 양이 적으면, 나이가 들어감에 따라 반드시 고장이 생긴다.

일상시에 운동 부족을 느끼고 있는 사람은 걷는 것으로 그것을 보충하는 것이 좋다. 예를 들어, 지하철이나 버스를 타고 불과 한두 정거장에서 내린다는 것은 아까운 일이다. 우선 돈이 아깝지 않은가? 시간에 쫓긴다든지, 비나 눈이 오는 날이 아니라면 운동 부족을 보충할 셈으로 걷는 것이 경제적이고, 또한 건강에도 좋다.

단, 느릿느릿 걷는 것보다는 얼마간 빠른 걸음이 바람직하다.

걷는 것 이외에 운동 부족을 해소하는 방법으로는 내집 마당에서도 간단히 할 수 있는 줄넘기나 엎드려팔굽혀펴기, 맨손 체조 등을 들 수 있다.

줄넘기라면 하루에 300~400회가 적당량이다. 더구나 매일 하는 경우에는 그 이상은 필요없다.

엎드려팔굽혀펴기는 오랫동안 운동과 담을 쌓아온 사람에게는 불과 10회도 힘에 겹다. 이것을 30회나 무리하게 하면 심장이 두근거린다. 처음에는 횟수를 적게 잡고, 차차 늘려 나가는 것이 요령이다. 그리고 잠시 쉬었다가 맨손 체조로 전신의 근육을 풀어준다.

▶잠자는 방법 하나로 병도 고친다

인간은 숙면을 취할 수 있게 되면, 잠자고 있는 동안에 웬만한 병도 고칠 수가 있다. 그 비결은 허리의 힘을 쑥 빼고, 자리에 편안히 천정을 보고 눕는 것이다.

사람은 어렵게 잠드는 경우나 신체에 어떤 이상이 생기면, 대개

3시간 수면을 완벽하게 하는 요령

| 운 동 | ➡ | ① 취침 전에는 과격한 운동을 하지 않는다.
② 운동하는 시간은 저녁 식사 전이 좋다.
③ 운동 후 1시간 이내에 목욕하지 않는다. |

| 적당량의
운동이란? | · 조깅＝2～2.5km
· 줄넘기＝300～400회
· 테니스＝20～30분
· 엎드려팔굽혀펴기＝30회
· 수영＝150～200미터
· 맨손 체조＝10분～15분 |

| 자 세 | ➡ | 허리의 힘을 완전히 빼고, 자리 위에 편안히 천정을 보고 눕는다.
　허리에 힘이 과도하게 들어가 있을 때는, ①배꼽의 단전 언저리에 혈액을 집중시킨다고 의식하면서 허리를 30센티 가량 들어올린다. ②숨을 내뱉으면서 허리를 일시에 떨어뜨린다. ③이것을 30회 가량 반복한다. |

허리에 과도한 힘이 가는 경우가 허다하다. 그럴 때, 잠자리에서 허리만을 약 30센티 들어올리고, 숨을 내뱉으면서 허리를 일시에 떨어뜨린다. 들어올리고 있는 동안은 배꼽의 단전(丹田) 언저리에 혈액이 집중되도록 의식적으로 동작을 하는 것이 긴요하다.

이 동작을 20회 정도 반복하면, 기분이 좋을 정도로 피로감이 전신에 감돌게 된다. 그리고 그대로 졸음이 오면 자연스럽게 잠들게 된다.

또 하나, 숙면을 유발하는 호흡법을 소개하겠다. 이것도 올바른 수면을 취하는 데 필요한 요소이다.

①천정을 보고 반듯이 누워 전신의 힘을 빼고, 손바닥을 위를 향하게 한 채로 양팔을 신체의 중심선에서 45도 가량 벌린다.

②양다리를 30° 가량 벌린다.

③그 자세로 호흡을 깊고 길게 가능한 한 천천히 토하면서, 의식을 발가락 끝으로부터 발목, 정강이, 무릎, 허벅지, 하복부, 가슴, 어깨, 팔, 목, 머리의 순서로 더듬어 올라가다가, 그 의식을 끊어버린다.

④마지막으로 마음속에서 '기운이 빠져나간다, 기운이 빠져나간다'라고 반복하면서, 전신의 힘을 빼고는 2분 정도 허탈 상태를 연출한다.

이것을 매일 밤, 자기 전에 실행에 옮겨보기 바란다. 매일 밤 계속하는 동안에 어느덧 수면중에 올바른 수면 자세를 갖추게 된다.

▶웃기를 잘하는 사람일수록 푹 잔다

"웃는 것이 사람을 쾌적한 잠으로 이끈다."

이렇게 말하면, 듣는 사람은 그야말로 웃긴다고 할지 모른다. 그러나 이것은 사실이다.

웃는 것에 의해서 인간은 깊고 많은 양의 산소를 흡입하고, 탄산가스를 내뱉는다. 웃음에 의해서 인간의 호흡이 조절되는 것이다. 더구나 가가대소, 크게 웃는 것은 복부의 운동도 된다. 복부를 전후로 운동시켜 혈액의 유통을 좋게 하므로, 위의 소화력이 높아지고 장의 움직임을 활발하게 한다. 그리고 인간은 웃으면 웃을수록 긴장이 풀려, 신경질이나 스트레스도 해소할 수가 있는 것이다.

이처럼 웃는다는 것은 건강에 도움이 되는 것만을 야기시킨다. 또한 웃음이라는 것은 인간 관계를 화목하게 하는 원동력이 된다. 그래서 침울해서 건강 상태가 나쁘고 불면증에 시달리는 사람에게 웃음은 상당한 효과가 있다.

당신도 속는 셈치고, 웃는 습관을 길러 보기 바란다.

▶하품은 신경을 각성시킨다

웃음 이야기가 나온 김에, 하품과 잠과의 관계에 대해서도 이야기해 보겠다. 일이나 공부에 피로를 느꼈을 때, 자연히 하품이 나올 때가 있다. 그러면 하품을 '잠에 대한 요구'로 생각하고, '아하, 잠이 부족했던 모양이군.'이라고 생각하는 것이 보통이다.

그러나 현실적으로는 충분히 수면을 취했는데도 하품은 나온다. 사람에 따라서는 많은 잠을 잘수록 하품이 잦기도 하다. 이것은 하품이 졸음과는 아무런 관계가 없다는 것을 의미한다.

하품은 신경의 각성 작용이다. 몸속에서 산소가 부족해지면, 피로의 원인이 되는 유산(乳酸)이 전신에 축적된다. 그러면 '산소가 필요하니, 호흡을 바꾸어 달라'고 뇌가 신체에게 호소하게 된다. 그러면 신체는 즉시 액션을 취한다. 사지를 마음껏 쭉 뻗어 기지개를 켜며 가슴을 내미는 자세가 된다. 이때 다량의 산소가 체내에 들어가는 것이다.

즉 하품에 의해서 신경이 각성하는 것이지, 하품이 나온다고 해서 잠을 요구하고 있다고 생각하는 것은 잘못이다.

다시 말해서, 하품이라는 것은 심신을 상쾌하게 하는 데 필요한 동작이며 하품이 잦은 사람은 그만큼 활동을 요구하고 있는 것이다.

따라서 하품을 일부러 참을 필요는 없다. 아무래도 사람 눈에 거슬리는 경우라면, 자리를 피하여 호젓한 곳에서 늘어지게 하품을 하는 것이 몸에 좋다.

고양이나 개도 자세히 관찰해 보면 사지를 쭉 뻗고 하품을 한다. 그리고 하품을 한 직후에는 한결 생기가 돌고 동작이 민첩해진다.

낮 동안에 머리가 멍하고 졸음이 밀려오면, 일부러 입을 크게 벌리고 하품을 흉내내 보는 것도 하나의 방법이다. 그런 하품 한 번으로 졸음이 날아가 버리는 경우도 많다. 하품→활동→정체(停滯)→하품…… 이 반복이 당신의 생리 리듬에 자극을 주어, 교감신경을 흥분시키는 것이다. 이 결과로 밤에 질이 좋은 잠을 얻을 수가 있다.

제5장
3시간 수면법이 비즈니스를 성공시킨다

비즈니스 능력을 무한으로 신장시킨다

▶시간적인 여유가 폭 넓은 지식과 경험을 얻게 한다

1970년대만 해도 고도 성장 시대여서, 열심히 노력하면 사업 업적을 눈에 띄게 향상시킬 수가 있었다. 그러나 현실은 타사보다 한 걸음이라도 앞서 가야만 얼마간의 성장이 약속되므로, 보통 노력 정도로는 기업은 침체를 벗어나기 어렵다.

"앞서면 제압할 수 있다."——이 말을 가슴 깊이 새겨 두고, 남보다 늘 한걸음 앞서는 것이 사업의 요결인 것이다. 그래서 우선 당신에게 이러한 말을 하고 싶다.

"3시간 수면으로 남을 제압하라."고.

이것만이 성공하고자 하는 비즈니스맨이나 수험생에게 가장 절실한 말이다. 적게 자는 대신에 숙면으로 채우는 3시간 수면은 목표가 뚜렷이 세워진 비즈니스맨이나 수험생에게 최강의 무기가 된다는 것을 거듭 명심해 주기 바란다.

그러면 수험생이나 비즈니스맨이 3시간 수면을 실천함으로써 어떠한 소득이 돌아올 것인가? 나는 다음 세 가지 이점을 들고 싶다.

(1) 시간적인 여유(마음=정신적 성장과 마음의 여유)

(2) 두뇌의 풀 가동(머리=능력의 최대 개발에 의한 자기 성장)

(3) 건강 증진(몸=육체의 강화에 의한 완전한 건강체)

우선 (1)의 시간적 여유인데, 이것은 간단한 계산 문제이다. 보통 사람이 하루에 8시간 잔다고 하면, 일어나 활동하는 시간은 16시간이다. 이것을 3시간 수면으로 전환하면 21시간이 된다. 이중에서 식사 시간, 왕복 통근 시간, 휴식 시간(합계 4시간 잡는다)을 뺀 실질 활동 시간을 생각하면, 보통 사람의 경우 12시간밖에 남지 않는다. 거기에 비해서 3시간 수면 실천자는 17시간이나 된다.

시간적인 여유가 충분하다는 것은, 정신적인 여유를 수반한다. 좀더 효율적인 일을 하기 원하는 비즈니스맨이라면, 남보다 5분이나 10분 정도라도 느긋한 시간을 갖는 것이 필요하지 않을까?

예를 들어 여기에 A씨와 Z씨라는 두 사람의 비즈니스맨이 있다고 가정하자. 둘 다 영업 분야로서 매일처럼 거래선으로부터 밀려드는 상담을 처리해야 한다.

그런데 A씨는 배불리 먹고, 실컷 자며, 충분히 휴식을 취하는 타입이다. 따라서 비즈니스에 있어서 시간에 쫓기는 처지에 놓이게 된다. 그래서 발등에 떨어진 불을 끄는 것처럼 급한 용무에 매달리다 보니, '이 거래선은 이런 요구를 해 올 테니까, 저렇게 대응하자.'와 같은 연구 검토를 할 시간적 여유가 없어 허둥지둥한다. 그 결과 별로 이익도 없는 번잡하기만 한 계약을 맺기도 하는 것이다.

여기에 비해서 Z씨는 단시간 수면에 의한 숙면을 위주로 하고, 식사도 모자랄 듯한 정도로 취하여 시간적인 여유를 갖는다. 근무 시간 외에도 늘 자신의 업무 소관의 비즈니스 플랜을 면밀히 짜 둔 다. 아침에는 5시에 일어나니까 출근 전에 그날의 스케줄을 하나하 나 검토해 볼 시간도 충분하다. 이 거래선은 이렇게 처리하고, 저 거래선은 상담의 방향을 저렇게 가져가야 한다는 플랜을 미리미리 세울 수가 있는 것이다.

이것은 동시에, 상담 현장에서의 시간적인 허실을 없게 하는 데 도 연관된다. 예를 들어 A씨의 경우 정리가 안 된 머리로 상담에 임하므로 40분이나 걸려서 타협을 이룰 수 있다면, 사전에 계획을 세워둔 Z씨는 척척 이야기를 진전시켜, 20분이면 상담을 끝낸다. 그리고 나머지 20분은 다음 상담을 위한 각본을 검토할 수도 있는 것이다.

이렇게 한 달만 지나도 같은 영업 담당이라고는 하지만 두 사람 의 실적은 확연한 차이를 보일 것이다.

한 사람은 상대방을 마주 대하고 나서야 임시 방편의 횡설수설 을 하는데 비해서, 다른 한 사람은 늘 예비 지식을 갖고 분석을 끝 낸 끝에 상담에 임하기 때문에 신속하고 농도 짙은 거래를 타결할 수가 있는 것이다.

▶3시간 수면은 아침 회의에서 능력을 발휘한다

다음은 (2)의 두뇌의 풀 가동에 관해서 설명한다.

3시간 수면은 두뇌에 풀 가동을 촉진한다. 왜냐하면 3시간 수면에 의한 깊은 잠을 얻을 수 있기 때문에 대뇌의 피로가 말끔히 가시기 때문이다.

또한 3시간 수면으로 숙면을 취함으로써, 낮 동안의 활동시에는 교감신경의 작용이 한층 활발해져서 대뇌는 눈부실 정도로 회전을 지속한다.

또 하나 이로운 것은, 3시간 수면은 눈을 뜬 연후의 대응이 아주 빠른 것이다.

일반적인 7~8시간 수면이라면, 잠을 깨고도 2~3시간은 아무래도 육체나 두뇌가 민첩하게 돌아가지 않는다. 일종의 잠의 후유증이라고도 할 수 있는 시간이 계속되는 것이다. 여기에 비해서 3~4시간 수면을 취하는 사람은 잠을 깨고 10분만 지나면, 심신이 아울러 활동에의 대응력이 충분하게 갖추어져 있게 된다.

요즈음 비즈니스 사회에서는 업무가 시작되기 전에 아침 회의를 갖는다.

'아침에는 사람의 두뇌가 가장 맑은 상태니까, 회의는 아침에 해야 효과적이다.'라고 생각하는 경영자가 많기 때문이다.

그러나 뜻밖에도 이것은 큰 효과가 없다. 왜냐하면 출근 시간 직전까지 늦잠을 자고, 정신없이 출근을 하는 비즈니스맨이 적지않기 때문이다. 전철이나 버스 속에서도 잠이 덜 깬 상태라 출근해서도 머릿속이 멍한 것이다.

이런 컨디션이니까 회의 석상에 앉아서도 머리의 회전이 둔해서 멍청한 발언밖에 하지 못한다. 결과적으로 회의는 수박 겉핥기가

되어,

"할 수 없군. 나머지는 내일의 숙제로 합시다."

로 알맹이 없이 끝난다.

그러나 3시간 수면이라면 결코 이런 일은 없다. 이른 아침 5시나 늦어도 6시까지는 일어나 있으므로, 집을 나서기까지 신문을 볼 시간적인 여유가 있다. 전철을 탈 시간에는 두뇌는 이미 본궤도에 들어서 활발히 움직이고 있다. 아침 회의에 임할 태세는 벌써 갖추어져 있어, 최소한 조간 신문에 나온 경제동향이라도 설명할 수가 있다.

3시간 수면의 경우 두뇌의 풀 가동은 오후로부터 밤에 걸쳐서도 간단없이 이어진다. 교감신경이 긴장해 있으므로 만사에 능동적이 된다.

그렇다고는 하지만 매일의 수면 시간이 짧으므로, 오후가 되면 문득 졸음이 올 때가 있다. 그럴 때에는 자신의 생리 리듬을 거역해서는 안 된다. 비록 5분이나 10분이라도 좋다. 시간이 허락하지 않는다면 2~3분이라도 좋으니 눈을 감을 일이다. 곧 깊은 잠을 얻을 수 있어 심신이 새로운 상쾌감으로 충만하다. 이 몇분 동안의 가수면이 비즈니스 두뇌를 한결 향상시켜 주는 것이다.

7~8시간 수면을 취하는 사람은 이와 같은 가수면을 취하는 것으로 악센트를 붙이기란 어렵다. 그 이유는 교감신경의 긴장도는 늘 평탄한 상태여서, 오전으로부터 오후, 그리고 저녁으로부터 밤으로 진행하는 것이 된다.

하루의 활동에 악센트가 없으므로, 두뇌의 회전력 및 집중력에

샤프한 맛이 없고, 중요한 고비에서도 힘을 발휘할 수가 없는 것이
다.

3시간 수면을 실행하고 있는 비즈니스맨은, 대개 오후 바쁜 틈을
타서 5분 가량의 가수면을 취하는 것이 보통이다. 단지 이 짧은 '미
니' 수면만으로도 하루 종일 두뇌를 풀로 활동시킬 수가 있는 것이
다.

▶비즈니스맨의 최고 · 최대 무기는 건강

마지막으로 (3)의 건강 증진에 관해서 기술한다.

3시간 수면을 기준으로 하는 생활을 유지해 가려면 소식주의를
지켜야 한다. 즉 과식, 혹은 미식(美食)을 하지 않기에 세포의 신
진 대사가 스무드하게 행해지고, 그 결과 건강 증진에 기여하게 된
다.

그런데 비즈니스맨에게는 다음과 같은 타입이 많을 것 같다.

아침은 출근 시간 임박할 때까지 이부자리 속에 묻혀 있다가 마
지못해 일어나, 넥타이를 매기가 무섭게 우유 한 잔도 제대로 못
마시고 집을 뛰쳐나온다. 회사에 도착해서 책상 앞에 앉으면 11시
경에는 벌써 점심 시간이 기다려진다.

이윽고 기다리던 점심 시간이 되면, 기름기 있는 양식이나 정식
을 잘 씹지도 않고 배불리 먹는다.

'으음, 이제 살 것 같다.'라고 배를 내리쓸며 회사에 돌아와 일을
시작하지만, 만복 후의 나른한 기분이라 정신이 산만해져서 여간해

서 집중력이 우러나지 않는다.

앞서도 기술한 것처럼 위에 대량의 음식이 채워지면, 대뇌에 있던 혈액이 일제히 밑으로 내려가기 시작해서 소화·흡수에 분주해진다. 따라서 머리의 혈액 소통이 급속히 저하해서, 사고력은 썰물 밀려나가듯 떨어진다.

하루 8시간이라는 근무 시간에서, 오후의 2시간, 극도의 나른한 컨디션에 빠진다는 것은 보다 능률적인 일을 하려는 비즈니스맨에게는 치명상이 아닐 수 없다. 사고력이 일시적으로 저하하는 것이라면 그나마 다행이지만 과식을 함으로써 위장을 혹사한다면 건강 상태까지 마이너스 방향으로 옮아간다. 이것이 더 중요한 문제점이다.

점심으로 만복감을 맛보면, 저녁 식사는 더욱 많이 먹고 싶어진다. 결국은 과도한 식사의 반복이 된다. 많이 먹을수록 그만큼 내장의 피로는 증가하고 그것을 회복시키자면 장시간 자야 한다. 장시간 잠을 자게 되면, 지방은 걷잡을 수 없이 체내에 축적되어 에너지 과잉 상태가 된다. 이렇게 해서 세포의 신진 대사의 리듬은 깨어지고, 서서히 건강이 손상을 입게 되는 것이다.

3시간 수면이라면 이러한 악순환은 즉각 해소된다. 적게 자면 탐욕스럽게 먹는 일이 없어지기 때문이다. 극히 자연스럽게 모자라다 싶을 정도의 식사가 습관이 되므로 내장에 얹히는 부담이 비교가 되지 않을 정도로 가벼워진다. 우수한 비즈니스맨일수록 이 모자란 듯한 정도의 식사가 긴요하다.

날카로운 사고력·집중력 및 신선한 발상도 모두 건강한 심신에

서 우러나온다. 늘 최고의 컨디션에서 일과 맞부딪쳐야 하므로 건
강 유지가 최대의 포인트가 되는 것이다.

이질적인 능력을 가능케 한다

▶집중력을 배가하는 3시간 수면법

비즈니스맨이 우수한가 여부를 정하는 조건의 하나에 '전진적인 자세'라는 것이 꼽힌다. 이것은 이른바 챌린지 정신이라는 것이다. 새로운 영역을 향해서 적극적으로 과감히 부딪쳐 나가는 일종의 개척자 정신이다.

현재 맹렬한 기세로 비즈니스 사회에 침투하고 있는 컴퓨터 기기(機器)를 어떻게 소화할 것인가도 현대의 비즈니스맨에게는 실로 중요한 과제일 것이다. 예를 들어, 프로그래밍을 하고 컴퓨터를 사업 목적에 적절히 활용할 수 있느냐의 여부로 그 사람의 우수성이 크게 달라진다는 것은 컴퓨터 문명 시대로 접어든 요즘의 추세로는 당연할 것이다.

그러면 어떠한 비즈니스맨이 보다 빨리, 보다 능률적으로 컴퓨터 조작을 습득할 수 있을 것인가? 그것은 하나에서 열까지 집중력이다. 왜냐하면 컴퓨터 조작은 그 사람의 능력이 아니라 훈련에 의해서 능해지기 때문이다.

내가 잘 아는 어느 대규모 건설 회사에 근무하는 A씨는 불과 3주 만에 퍼스널 컴퓨터를 마스터했다. 그분에게 어떻게 그렇게 빠른 시일 내에 해낼 수 있었는가를 물었더니,

"나는 국문 타이프를 할 줄 알았기에 남보다 빨랐던 것 같다."

고 대답했다.

이것은 훈련이 크나큰 비중을 차지한다는 것을 증명한다. 마치 아코디언을 연주할 줄 아는 사람이 피아노를 배우면, 생소한 사람보다 한결 조속히 숙달한다는 것과 같은 이치다.

이 훈련이라는 과정에서 가장 요구되는 것이 집중력이다. 이 집중력이라는 것은 그 사람의 두뇌의 우열에 따라 차가 생기는 것이 아니라, 무엇보다 신체적인 컨디션에 따라 달라진다.

예를 들어 아무리 좋은 두뇌의 소유자라고 해도, 감기가 들거나 숙취로 머리가 멍할 때는 집중력이 우러나지 않는다. 거꾸로 웬만한 두뇌의 소유자라도, 몸의 컨디션이 좋아 심신이 상쾌할 때는 자신도 놀랄 만한 집중력을 발휘한다.

그렇다면 이상적인 컨디션을 유지하려면 어떻게 할 것인가? 그것은 3시간 수면으로 숙면하는 일이다. 내가 늘 애석하게 생각하는 것은 모처럼 우수한 두뇌를 지니고 있으면서도, 실컷 먹고 늘어지게 자는 생활에 젖어, 진가를 발휘 못하는 사람이 세상에는 많다는 것이다.

매일 일정한 리듬으로, 짧고 깊은 수면을 취하기만 한다면, 낮

동안의 활동에서 교감신경의 긴장도는 현저하게 높아진다. 거기에 따라 집중력도 증가되는 것은 물론이다. 따라서 컴퓨터와 같은 현대의 이기를 남보다 빨리, 능숙하게 다루기 위해서는 3시간 수면에 의해서 집중력을 높이도록 신경을 쓸 일이다. 3시간 수면으로 숙면을 일상화하면 긴장과 이완의 밸런스가 잘 유지되어서, 마음껏 두뇌의 회전을 구사할 수가 있다. 즉 놀라운 집중력을 발휘할 수 있는 것이다.

▶아침 2시간의 독서가 문서 작성 능력을 향상시킨다

그런데 현대의 비즈니스맨이 갖추어야 할 조건은 과연 어떠한 것일까?

그것은 우선, 통상적인 사무 처리 능력 외에 창조력·판단력·분석력·선견지명 등을 꼽을 수 있다. 단, 비즈니스맨의 능력이란 종합 평가되는 것이므로, 아이디어만 연발할 뿐, 경제 정세를 냉철히 판독하는 판단력이 결여돼 있어서는 훌륭한 비즈니스맨이라고 할 수 없다. 거꾸로 정보의 정리·취사 선택에는 능하나, 그것을 잘 응용하는 능력이 없으면 단순한 카드 정리 계원의 구실밖에 할 수 없다.

그런데 그러한 비즈니스맨의 능력 중 하나로서, 문서를 작성하는 재간은 무시할 수 없다. 최근처럼 매스컴의 홍수 시대엔, 우리의 주위는 활자로 인쇄된 각종 문서가 마치 산처럼 쌓인다. 즉 현대인은 싫든 좋든, 정보의 소나기 속에 사는 것을 강요당하고 있는 것이다. 그것은 회사의 내부에서도 마찬가지이다.

영업 일지나 업무 보고를 쓴다. 상사의 명을 받아 마케팅 리서치의 리포트도 작성한다. 출장시에는 출장 복명서를 제출해야 한다. 그런가 하면, 회의에서 발표할 판매 전략의 방법론을 정리한다. 이처럼 비즈니스맨의 일 중에는 문서를 작성하는 작업이 꽤 많다.

"문장 작성이 서툴러서……."라고 머리를 긁적거리는 비즈니스맨도 적잖으나, 현대 사회에서 이러한 사람은 극히 불리하다.

현대는 문서 혁명의 시대라고 일컬어지는 만큼, 비즈니스계에서는 워드 프로세서라는 만능 타이프라이터를 도입함으로써, 실로 다양한 문서를 작성하고 정리하는 방향으로 나아가고 있다.

상사에게 제출한 리포트가, '아, 이건 잘 되었군!'이라고 통과되면, 곧 워드 프로세서에 두들겨 넣어져, 꼬리를 이어 파일되는 것이다.

앞서 컴퓨터를 습득하는 것은 중요한 일이라고 했지만, 컴퓨터(워드 프로세서)에 두들겨 넣을 문장을 훌륭히 쓰는 능력은 더욱 중요하다. 워드 프로세서로 문장을 쓸 수 있는 시대라고는 하지만 그 문장을 쓰는 것은 어디까지나 인간의 두뇌이다. 이제부터의 비즈니스맨은 그러기 위해서 새로운 두뇌 훈련에 유의해야 할 것이다.

그러면 그 두뇌 훈련이란 어떤 것일까? 결론부터 말하자면, 이 분야에서도 역시 3시간 수면이 크게 도움이 되는 것이다. 훌륭한 문장을 쓰기 위해서는 적합한 언어를 정연하게 표현해야 한다. 그리고 적합한 언어를 취사 선택하려면 한 권의 책이라도 보다 많이 읽어야 한다. 훌륭한 문장, 적절한 표현을 가능한 한 많이 접해서, 그 정수를 자기의 머릿속에 집어넣어야 한다.

따라서 비즈니스맨에게 있어서는 자신을 연마하기 위한 독서량이, 비즈니스 전선에서 살아 남기 위한 극히 중요한 포인트로 부상하게 된다. 대기업에서 일하는, 제일선을 뛰는 비즈니스맨 중에는 열성적인 독서가가 많다. 그리고 그들의 대부분은 문장에 능하다.

출퇴근시의 차 안에서 주간지나 스포츠 신문을 심심풀이로 읽고, 어쩌다가 책을 읽는다고 해도 한 달에 기껏 두어 권, 보통 샐러리맨의 독서라는 것은 아마도 그 정도일 것이다. 물론 이 사람들은 잘 시간에는 자고, 밤중의 자유 시간을 할애해서 독서한다는 일은 극히 드물다.

이것을 수면 3~4시간의 숙면을 취하는 사람과 비교해 보자. 아침에 4~5시에 눈을 뜨게 되므로, 출근 전까지는 시간이 많다. 이 여분의 시간을 독서로 충당한다면 보통 두께의 단행본이나 문고본을 사흘이면 한 권 읽을 수 있다. 통근시 차 안에서와 취침 전의 한 때까지도 독서로 돌리면 닷새에 2권은 무난하다.

그렇게 계산하면, 한 달에 10권에서 12권의 책을 읽는 것이 된다. 1년으로 따지면 120권에서 150권에 이른다. 앞서 기술한 평균적 샐러리맨의 연간 10~20권과는 엄청난 차이가 난다.

3시간 수면의 숙면으로 많은 책을 읽으면, 단순히 많은 어휘와 지식을 얻는 것 이외에도 문장으로서의 리듬을 살리는 데도 기여하는 바가 크다. 이상의 복합적인 소득은 스스로 문장을 작성하는 데 있어서 피와 살이 되어 주는 것이다.

▶계속적인 두뇌 회전이 참신한 발상을 낳는다

발상의 전환이라는 말이 자주 입에 오른다. 특히, 경제 사회의 정상급에 있는 사람들 사이에서 흔히 이 말을 듣게 된다.

"우리 회사의 업적이 근래에 하강 곡선을 그리고 있다. 이쯤에서 어떻게든 발상의 전환을 꾀하지 않으면 내일의 전망은 바라보기 어렵다."

와 같은 훈시를 듣게 되면, 부장 이하 책임 있는 비즈니스맨들은 얼굴을 들 수가 없어진다.

발상의 전환——이것은 다시 말해서, 구태 의연한 비즈니스 두뇌에 새로운 바람을 불어넣는 것을 의미한다. 즉, 사고회로(思考回路)를 일단 산산히 분해한 다음, 아주 새로운 형태로 재조립하는 것이다. 그러므로 이전과는 질이 다른 전류가 불꽃을 튀기며 뇌 속을 줄달음치게 하는 것이다.

흔히 '참신한 발상'이라는 말이 쓰인다. 그리고 그 반대의 의미로,——그는 아무래도 머리가 굳어 있다——와 같은 말을 사용한다.

머리가 참신하다든지, 굳어 있다는 것은 도대체 어디에서 파생하는 것일까? 그것은 그 인간이, 어느 정도의 젊음을 유지하고 있다는 것이다. 정신 연령과 육체 연령의 개념이 혼합된 것으로 그 '젊음'이란 의미는 실제 나이와는 관계가 없다.

"그분은 정말 감탄을 금할 수 없어. 나이에 비해서 머리가 샤프하거든!"

하고 칭찬을 받는 사람은 대개 실제 나이보다 너더댓 살은 젊어 보일 정도로 생기가 돌기도 하는 사람이다. 유연하고 참신한 사고라는 것은, 생각하는 방식에 순응성이 있다는 것이다. 고정된 주의·주장을 고집하지 않고 그때마다 주위의 변화에 상응해서 적절한 사고를 하는 것이다. 이러한 사고 방법은 비즈니스맨이 업무를 처리해 나가는 데 필요 불가결한 요소라고 할 수 있다.

임기 응변과 아이디어가 풍부하고, 전후 좌우 여러 가지 각도에서 사물을 보고 그 본질을 파악하려는 자세, 이것이 곧 '유연(柔軟)한 머리'인 것이다. 이러한 자세가 없는 비즈니스맨이 훌륭한 실적을 올리기란 어렵다. 찬스를 포착하는 데 더디고 아이디어가 진부하며 한 각도에서만 사물을 보는 비즈니스맨은, 평범한 사원으로 부여되는 일만 처리하기에도 바쁘다.

그러면 유연한 두뇌를 갖게 하는 '젊음'은 어디에서 오는가? 그것은 쉬지 않고 바람개비처럼 머리를 쓰는 데에서 탄생한다. 너무 단순한 해답 같지만, 그것은 진실이다. 스포츠맨에게,

"강인한 팔다리는 어떻게 가질 수 있는가?"

라고 물어 보라.

"뭘 것. 그저 열심히 수족을 놀릴 것."

이라는 응답을 할 것이다.

두뇌도 같은 것이다. 머리를 쓰면 쓸수록 사고력은 증진한다. 매일 쉬지 않고 두뇌를 가동시키면 '머리의 근육'이 불어나, 웬만큼 어려운 사고에도 끄떡없는 강인성이 생겨난다. 반대로 머리 쓰는 것을 골치 아파하고 나태하면 머릿속에는 녹이 슨다.

그리고 이러한 강인성을 가능케 하는 것이 3시간 수면법이다.

당신이 지금 비즈니스 사회의 리더로서의 자질을 요구받고 있는 처지라면, 단시간 숙면으로 생쾌하게 깨어나 원래의 두뇌 속을 말끔히 청소할 일이다.

제6장
이것이 3시간 수면법이다

누구나 실현할 수 있는 3시간 수면법

▶ 2주일로 3시간 수면을 실천한다

그렇다면 이제, 2주일 동안에 3시간 수면법을 실천하는 구체적 스케줄에 관해서 이야기하겠다.

거기에 앞서 이 말만은 꼭 해 두어야겠다. 얼마 전에 이 3시간 수면법에 대한 구체적인 설명도 듣지 않고 저돌적으로 실행에 옮긴 사람이 있었다. 하루가 지나고 이틀째까지는 그런 대로 수월했던 모양이었다.

"해 보니 예상 외로 쉽습니다. 처음에는 잠이 부족해서 하루종일 꾸벅꾸벅 졸 것으로 생각했습니다만 그렇지도 않더군요."
하고 명랑한 목소리로 전화가 걸려온 것이 사흘째 되던 날이었다.

그런데 그후로는 아무런 보고가 없었다. 궁금해져서 이쪽에서 전화를 걸어보니, 며칠 전과는 아주 다른 침울한 목소리로 이렇게 말하는 것이었다.

"졸려서 죽을 지경이었습니다. 나한테는 무리인 것 같습니다. 수면 시간을 3시간으로 줄인다는 것은, 3~4일은 몰라도 그 이상은 도저히 안 됩니다. 포기했습니다."

나는 능히 사태를 짐작할 수가 있었다. 이 사람은 워밍업도 없이 수면 시간을 3시간으로 줄여버렸던 것이다. 이렇게 한다면 아무리 몸이 무쇠 같은 사람이라도 견딜 재간이 없다. 오히려 3~4일의 실천도 칭찬할 만한 일이다.

수면 시간이라는 것은 급격히 줄인다고 되는 일이 아니다. 단계적으로, 서서히 줄여 가는 방법이 아니고는 필경 도중 하차할 수밖에 없다.

끝머리에 도표로 정리하겠지만, 내가 권장하는 것은 2주간의 준비 단계, 즉 워밍업을 하라는 것이다. 지금까지 7~8시간 자던 사람이, 수면의 리듬을 완전 무결하게 3시간의 패턴으로 정착시키기 위해서는 아무래도 2주일은 걸린다. 제1주는 수면 패턴의 변혁기이고, 2주째는 안정기라고 할 수 있다.

그러면 제1일부터 순서를 따라, 어떤 생활을 해야 할 것인가를 설명한다.

1일째 : 이날은 3시간 수면으로 전환하기 위한 마음가짐과 그 예비 지식을 익히는 데 충당한다.

우선 수면 시간을 단축시킨다는 것이 자기에게 왜 필요하며, 어떠한 이익이 있는가를 자각하고 재확인한다. 그래서 3시간 수면으로 자신의 인생에 크게 변혁을 줄 수 있다는 신념을 가져야 한다. 만약 그 신념이 굳은 것이 아니라면, 고행과도 같은 3시간 수면을 습관화하기는 가망이 없는 것으로 생각해야 한다.

그리고 2주일 동안의 고행에서 파생할 여러 가지 증상을 예비 지식으로서 단단히 머릿속에 담아두어야 한다. 그 증상이란 말할 것도 없이 결코 안락한 것일 수는 없다. 불과 2주일 동안의 고행으로 일생을 쾌적하게 살아갈 수 있는 수면법을 내 것으로 한다는 위대한 변혁을——. 일단 정착된 수면 리듬은 여간해서 깨지는 않는다. 지금 당신이 30세라면, 앞으로 40년 동안 남아돌아갈 만한 여분의 시간을 당신 마음내키는 대로 활용할 수 있는 특권을 갖게 되는 것이다.

이처럼 하루째는 어디까지나 결심을 굳히는 날이다. 마음을 다부지게 먹고 심리적인 태세를 갖추는 것이다. 물론 이날 밤이 7~8시간 자는 마지막 날이 되어야 하는 것이다.

"드디어 내일부터는 훈련이 시작되는 것이다. 어떻게든 이겨내야지……."

자리에 눕는다.

"7~8시간 수면은 오늘 밤뿐이다."

그렇게 생각하면 감개무량해진다. 이제 당신의 앞길에는 새로운 장이 열리는 것이다.

2일째 : 이날이 중대한 포인트이다. 지금까지의 수면 리듬을 무너뜨리기 위해서 완전히 밤을 새우는 것이다. 잠을 일시에 제로 상태로 몰고감으로써, 수면에 대한 기아 상태를 조성하는 것이다.

3일째 : 어젯밤은 철야를 했지만, 눈을 비벼 뜨고서라도 낮잠을 자서는 안 된다. 이것은 대단히 중요한 일로서, 철야 뒤에 적어도

36시간 이상은 눈을 뜨고 있어야 한다.

이날부터 반응이 나타나기 시작하여 여러 가지 증상이 일어난다. 눈이 따끔따끔할 정도로 아프다. 수족과 허리 등 관절에 무거운 통증이 느껴진다. 권태롭다. 기력이 없다. 체중이 0.5~1kg 준다. 오줌이 눈에 띄게 노랗게 되고, 개중에는 미열이 나는 사람도 있다.

이러다가 탈이 나는 것이 아닐까 하고 걱정이 되겠지만, 이러한 반응은 모두 철야의 고행이 끝나면 소멸되니까 안심하고 이 관문을 통과한다.

더 이상 견디기 어려운 고비에서 6시간 내외의 수면을 취하는 것이다.

4일, 5일째 : 이 이틀 동안도 수면 시간은 6시간으로 한다. 그 동안 잠에 굶주린 상태여서 6시간으로도 숙면을 취할 수 있어, 7~8시간이나 잔 기분을 느낀다. 이날부터 3시간 수면으로 몸을 익히게 하는 스텝을 밟게 된다. 철야를 하고도 낮잠을 자지 않는 등, 거친 시련을 이겨냈다는 긍지로 심신에 기분 좋은 긴장감이 감돈다.

이 이틀 동안에 주의할 점은, 가능한 한 수분을 취하지 않는 것이다. 과도한 수분의 섭취는 심신을 나른하게 하기 때문이다. 여기에서의 수분이란 물은 물론, 커피·홍차·주스·청량 음료·술·맥주·과일·스프·국 등을 포함한다.

그리고 단것도 삼가한다. 잘못하면 이가 아프거나 풍치가 될 우려가 있다. 식사량은 가능한 한 줄이고, 잘 씹어먹음으로써 위에 부담을 덜 주게 한다.

인간의 치아가 위 아래로 부딪칠 때는 50kg의 압력을 발휘한다. 무서운 힘이다. 따라서 같은 것을 먹더라도 잘 씹지 않고 먹는 사람과, 천천히 의식적으로 씹어먹는 사람과는 소화력에서 상당한 차이가 난다.

잘 씹어먹으면 타액이 그만큼 많이 분비되어, 위액의 분비도 그만큼 완만해진다. 이것은 즉 식욕에 제동이 걸린다는 것이다. 그러므로 잘 씹어먹으면 먹을수록 자연히 적게 먹게 된다.

이 이틀간은 목욕도 삼가한다. 탕에 들어가면 급격히 피로를 느끼기 때문이다. 술도 피하는 것이 좋다. 술을 마시면 평상시보다 빠르게 취하며 쉽게 지친다.

6일, 7일째 : 수면 시간을 2시간 더 깎아서 4시간으로 한다. 이때가 되면, 팔목시계의 밴드가 느슨해질 정도로 살이 빠진다. 자는 시간이 적기 때문에 그만큼 체력이 소모되어, 세포의 분해가 격해져서 체중이 줄어드는 것이다. 이제껏 배가 불룩해서 신경이 쓰이던 사람도, 어느 정도 스마트한 맵시가 된다.

그런데 6시간 수면에서 4시간으로 단축하는 일은 그렇게 고통스럽지는 않다. 4시간으로 줄인 이틀째 밤 정도가 되면 오히려 쾌적한 느낌까지 든다. 다시 철야라도 할 수 있을 것 같은 자신감까지 우러난다.

식사 내용은 이쯤에서 채식 위주로 밀고 나간다.

8일째 : 드디어 수면 시간을 3시간으로 단축한다. 앞서도 말한 것처럼, 2주째는 3시간 수면을 정착시키는 기간이다. 이때쯤에는 취침과 기상 시간을 정해둘 필요가 있다. 그래서 여분의 시간 활용을 밤으로 할 것인가, 새벽으로 할 것인가를 결정한다.

9일째 : 이날 밤에는 두번째 철야에 들어간다. 즉, 10일째 밤까지 36시간을 자지 않는 것이다. 해 보면 알겠지만, 이 두번째 철야는 그렇게 고생스럽지가 않다. 이상하게도 몽롱한 기분으로 둥실둥실 떠도는 느낌이 들며, 육체의 피로는 거의 느끼지 않는다.

10일째 밤 : 이날 밤에는 다시 3시간 수면으로 되돌아간다. 여기까지 성공하면 3시간 수면은 이제 당신 것이나 마찬가지이다. 8일째의 3시간 수면은 의지의 힘으로 해냈지만, 10일째 이후의 3시간 수면은 두번째 철야로 수면을 재차 제로로 했던 관계로, 이미 생리 리듬에 젖은 것이 되어 있다.

이렇게 해서 14일째의 훈련이 끝나면 3시간 수면은 극히 자연스러운 것이 되어 있으므로, 목욕이나 음주 등 평상시의 상태로 환원시켜도 무방하다.

이상의 설명을 날짜별로 다시 정리해 보면 다음과 같다.

3시간 수면 실천 스케줄

〈제1주:수면 리듬의 변혁기〉

1일째 준비일	●수면 시간→8시간 7~8시간 수면은 이 날로 끝난다. 　3시간 수면으로 전환하기 위한 마음의 준비를 하며, 왜 3시간 수면을 몸에 익히려는지 목적 의식을 뚜렷이 한다.

2일째	• 수면 시간→0 수면 리듬을 제로의 상태로 환원시키기 위해 완전히 철야를 한다. 철야 후 낮잠을 자지 않고, 36시간 깨어 있는 것이 포인트.
3일째 제1반응기 하루째	• 수면 시간→6시간 이 날이 가장 고통스럽다. 수족과 허리 등의 관절에 묵직한 통증이 오고, 눈이 따갑고 미열이 나는 등, 독특한 증세가 나타난다. 가능한 한 몸을 움직이고 의지력으로 버텨 나간다.
4일째 제1반응기 이틀째	• 수면 시간→6시간 스스로 놀랄 만큼 숙면을 취할 수 있고, 기분 좋은 긴장감에 쌓인다. 수영이나 조깅 등으로 신체를 움직이게 한다. 수분이나 단것은 피하고, 적게 식사한다. 목욕과 술도 삼가한다.
5일째 제1반응기 사흘째	• 수면 시간→6시간 체중이 감소된다. 성인의 경우 1~2kg이나 준다. 이것이 병이 될까 걱정하면, 오히려 스트레스가 되며 반응을 가중시킨다.
6일째	• 수면 시간→4시간 채식주의를 밀고 나간다. 야채 7 육류 3의 비율까지는 무관하다. 반응기를 어느 정도 벗어났으나, 아직 완전히 끝난 것은 아니므로 주의를 요한다.
7일째	• 수면 시간→4시간 눈에 띄게 몸이 마르며, 비만형인 사람은 스마트한 몸매가 된다.

〈제2주 : 3시간 수면의 안정기〉

8일째	• 수면 시간→3시간 　3시간 수면의 리듬을 정착시키는 안정기에 들어 간다. 기상과 취침 시간을 정한다.
9일째	• 수면 시간→0 　두번째 철야를 한다. 별로 고통스럽지가 않다. 식 사량과 수분 섭취에 신경을 써야 한다.
10일째 제2반응기 첫째날	• 수면 시간→3시간 　재차 반응이 나타난다. 그러나 제1반응기 때보다 심하지 않다. 　서서히 3시간 수면이 몸에 배어간다.
11일째 제2반응기 이틀째	• 수면 시간→3시간 　이제 조금만 더 참으면 목적을 달성할 수가 있다.
12일째	• 수면 시간→3시간 　여기에서　두통 · 어지러움 · 구토 · 빈혈 · 미열 등의 증상이 나타나는 사람은 아직 체질 개선이 되지 않았으니, 곧 중지하고 다시 한 번 1일째부터의 스케줄을 반복해야 한다. 포기하면 그 동안의 고행 은 수포로 돌아간다.
13일째	• 수면 시간→3시간
14일째	• 수면 시간→3시간 　이 날만 지나가면, 3시간 수면의 리듬은 완전히 내 것이 된다. 　목욕이나 음주 등, 옛날 습성으로 돌아가도 이제 안심이다.

단, 이상의 스케줄에 의한 증상에는 개인에 따라 얼마간의 차이가 있을 수 있다. 만약 12일째 내외에 두통 · 현기증 · 구토 · 빈혈이나 미열 증세가 두드러지는 경우에는, 무리하지 말고 일단 중지하는 것이 상책이다.

그리하여 다시 1일째로 되돌아가거나, 스케줄을 배로 늘려 4주간에 익히도록 계획을 짜 보는 것도 좋다. 즉, 각 스텝을 하루로 끝내는 것이 아니라 이틀로 연장해 나가는 방법이다.

또한 날짜에 따라 수면 시간에 강약의 리듬을 붙이는 것이 견디기 쉬운 사람에게는 '6 · 4리듬'이라는 편법도 있다. 이것은 내가 아는 어느 대학 학장이 실천하고 있는 것으로, 6시간 잔 다음날은 4시간, 그 다음날은 다시 6시간처럼, 6 · 4의 리듬을 반복하는 방법이다. 이 경우, 평균 하루 수면은 5시간이 된다. 짝수일에는 6시간, 홀수일에는 4시간, 또는 그 반대로 정하면 한결 편리하다.

▶졸음을 쫓는 단전중심법(丹田重心法)

앞서, '단시간 수면을 생활화하려면, 비록 5분이라도 가수면을 취할 필요가 있다.'라고 기술했지만, 만약 가수면을 취할 시간적인 여유가 없다면 어떻게 할 것인가?

가수면을 취하지 않으면 아무래도 집중력이 떨어지기 쉽다. 집중력이 높지 않고는 일이나 공부의 질이 현저하게 저하한다. 그렇게 되면 딜레마에 빠진다. 그러면 어떻게 집중력의 감퇴를 막을 수 있을 것인가를 생각해 보자.

　우선 집중할 수 있는 자세를 알아야 한다. 인간이 무엇에 정신을 집중하기 위해서는 몸을 안정된 상태로 할 필요가 있다. 그것을 만들어내는 것이 앉은 자세이다.

　'안정된 상태'라는 것은 인간의 중심(重心)이 배꼽 밑 3센티에 위치한 단전(丹田)이라는 부분에 놓여 있는 상태이다. 신체의 중심이 단전이 아닌 그 위쪽에 위치하면, 반드시 기분이 어수선해진다. 이른바 불안·초조한 정신 상태는 그 중심이 가슴으로부터 목, 심지어 얼굴에까지 올라왔을 때 나타난다.

　예를 들어, 친지의 결혼식에 참석해서 피로연의 사회자로부터 갑자기 간단한 연설을 하도록 지명받았다고 하자. 이럴 때는 미리 부탁받은 일도 아니어서 누구나 당황하게 된다. 마이크 앞에 서면 피가 머리에 꽉차고 가슴은 두근거려, 스스로도 무슨 말을 하고 있는지 분간을 못한다. 이런 경우 그 사람의 중심은 완전히 머리까지 올라와 있는 것이다.

　그래서 사고가 집중되지 않고 무릎 언저리가 떨리기도 한다. 하지만 단전에 중심이 잡혀 있으면 무릎도 떨리지 않고, 머리의 회전도 활발해져서 여유만만한 연설을 할 수가 있는 것이다.

　단전에 중심을 두기 위해서는 어떻게 할 것인가? 서 있는 자세든 앉은 자세든 무방하다. 엄지발가락에 세게 힘을 주고 동시에 골반을 조인다. 골반에 힘을 주어 조이면 척추가 꼿꼿해진다. 그리고 엉덩이의 근육을 좌우에서 강하게 수축시킨다. 이것은 항문의 괄약근이 느슨하게 처진 상태를 뜻한다. 즉 이렇게 느슨해진 항문에서 생기가 빠져나갔음을 표현하는 말이다. 이래서는 정신의 집중을 기대하기 어렵다.

단전에 중심을 놓으려면, 가능한 한 숨을 크게 들이마시고 천천히, 조용하게, 길게 내뱉는다. 이것이 중요하다. 이렇게 하면 횡격막(橫隔膜)이 내려가고 중심이 단전에 내려앉는다.

당신도 회사에서 졸음이 오면, 이 단전 중심법을 시도해 보면 효과가 있을 것이다. 그 즉시 졸음이 밀려가고 다시 일에 집중할 수가 있다. 수험생이 심야의 공부에도 이용할 수가 있다. 때로는 다음 페이지에 기술하는 '졸음을 쫓는 포즈'를 취해 보는 것도 도움이 되겠다.

그리고 또 한 가지, 정신 집중에 효과가 있는 방법이 있다. 이것은 '수식관(數息觀)'이라는 호흡 방법으로, 좌선이나 명상과 같은 효과가 있다.

즉, 눈을 감고 숨을 깊이 들이마신 다음 토해내면서 하나, 둘, 셋……이라고 마음속으로 셈을 한다. 단순하지만 무엇을 생각하는 등 잡념이 개입되어서는 효과가 없다. 마음을 깨끗이 비우고, 어디까지나 무념무상(無念無想)의 상태로 행하는 것이 긴요하다.

잡념이 떠오르면 다시 하나부터 시작한다. 즉 호흡을 가다듬어 하나, 둘, 셋…… 새로이 셈을 하는 것이다. 이렇게 머릿속을 백지 상태로 해서 몇까지 셀 수 있는가를 시험해 본다. 대개 10분간에 700 정도를 센다. 약 10분 후에는 천천히 눈을 뜬다. 이것이 익숙해지면, 이 10분간은 밤중의 수면 2시간 정도의 효과가 있다. 이것을 무아무중(無我無中)으로 할 수 있게 되면, 집중력을 놀라울 정도로 발휘할 수 있다.

졸음을 몰아내는 세 가지 포즈

1

귓불을 강하게 아래로 잡아당기면서, 눈을 크게 뜨고, 숨을 끝까지 내뱉는다. 이것을 10회 가량 반복하면 즉석에서 해소할 수 있다.

百會穴

2

머리 위 정점에 있는 백회혈(百會穴)에 양손 엄지손가락을 댄다. 다음에 숨을 내뱉으면서, 5~6초간 강하게 누른다. 이것을 여섯 번 반복한다. 머리의 혈액순환을 좋게 하여 피로도 제거해 준다.

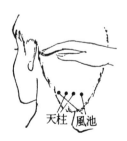
天柱 風池

3

정좌하고 앉아서, 오른손 손날로 목 뒤의 천주(天柱) 부근을 두들긴다. 헉헉, 강하게 숨을 내뱉으며 10회 정도 두들긴다. 왼손으로는 양쪽으로 2cm 정도 떨어진 풍지(風池)도 두들긴다.

▶머리에 수건을 감는 효과

집중력을 높이기 위한 또 하나의 좋은 방법이 있다. 머리에 질끈 수건을 동여매는 권박법(卷縛法)이다.

인간의 두뇌를 보호하고 있는 두개골은 지그재그의 선을 따라 서로 잇닿아 있다. 그리고 이 부분을 봉합부(縫合部)라고 한다. 사람이 무엇인가 사고에 집중하고 있을 때는, 이 봉합부가 단단히 물려 있다. 거꾸로 아무런 생각없이 멍하게 있을 때는 봉합부가 느슨하다. 따라서 정신을 집중하고자 할 때에는 그 느슨함을 조여 주면 좋다.

즉, 수건을 동여매서 물리적인 압박으로 두개골을 단단히 조이는 것이다. 그렇게 해서 정신이 집중되면, 행동적이 되고 동작도 기민해진다.

내가 잘 아는 어느 작가는, 원고 마감이 임박하면 반드시 머리에 띠를 질끈 동여매고, 분주하게 펜대를 움직인다. 주위의 사람들은 그 작가의 머리가 어깨까지 내리덮이는 장발이라, 머리털이 이마에 어른거리는 것을 방지하기 위해 머리띠를 동여매는 것으로 생각한다.

그러나 본인은,

"그렇지가 않소. 머리띠로 머리를 꽉 졸라매지 않으면 좋은 스토리가 잘 떠오르지 않는답니다."

라고 말하고 있다.

그런데 머리띠를 졸라매는 데도 방법이 있다. 즉, 졸라매는 방법에 따라 효과가 달라지는 것이다.

그 방법은 이렇다. 후두부의 목덜미근에 머리띠의 중심부가 오게 하고, 이마의 위쪽에서 질끈 매듭을 짓는 것이다. 이렇게 하면 목덜미의 凹 부분을 위쪽으로 추켜올리는 모양이 된다.

머리띠의 폭은 약 10~12cm, 질긴 천이면 아무것이나 무방하다. 이것을 가능한 한 힘주어, 눈꼬리가 치켜올라갈 정도로 매는 것이다. 인간의 기억중추(記憶中樞)라는 것은 측두엽(側頭葉), 즉 머리의 측면에 있으므로 이 측면을 압박함으로써, 머리가 자극받는 것이다.

▶피로를 회복하는 경이적 호흡법

3시간 수면을 실천하는 데 있어서 가장 중요한 요소의 하나가 호흡법이다. 인간은 산소로 살아간다. 육체 뿐만이 아니라, 뇌도 산소를 필요로 한다는 것은 이미 기술한 바와 같다.

올바른 호흡법을 몸에 익히고 있으면 피로는 그때마다 덜 수가 있으므로, 단시간의 수면으로도 건강을 유지해 나갈 수가 있다는 것이다.

다음에 지금까지 언급하지 않았던 호흡법을 몇 가지 들어두겠다.

자리에서 일어나 곧 시행하는 이른 아침 호흡법
이것은 창문을 열거나, 밖에 나가 아침 공기 속에서 시행한다.

① 좌우의 발꿈치를 모아, 꼿꼿이 선다.

② 양쪽 콧구멍으로 7~8초에 걸쳐 천천히 숨을 몰아쉰다. 가슴을 활짝 펴는 요령으로, 어깨를 넓히며 한다. 그리고 의식을 발바닥 중앙부 움푹 패인 곳에 집중시키고, 그곳으로부터 공기를 빨아올리는 기분이 된다.

③ 다음에 발가락으로 서서, 발뒤꿈치를 들어올리고, 7~14초간 숨을 죽인다.

④ 숨을 토하면서 천천히 발뒤꿈치를 땅에 댄다. 그 시간은 약 10초 정도의 느린 동작이어야 한다.

이상의 동작을 매일 아침 다섯 번 반복한다.

걸어갈 때의 호흡법

① 꼿꼿이 서서, 턱을 가볍게 당긴다.

② 눈을 크게 뜨고, 전방을 응시한다.

③ 단전에 힘을 주고, 엄지발가락에 힘을 준다. 발바닥 중앙부에 의식을 집중시키고, 무릎을 필요 이상으로 구부리지 않고, 경쾌하게 걸음을 옮긴다. 걷는 속도에 내쉬는 숨과 몰아쉬는 숨의 리듬을 맞춘다. 이것을 통근시에 활용하면 좋다. 피로를 모르는 보행법인 동시에, 쌓인 피로를 풀어 주는 효과도 있다.

공복을 느낄 때의 호흡법

① 서 있든, 앉아 있든 무방하다.

② 혀를 오므려 입술 밖으로 내민다.

③ 그 상태로 휙 하고 소리가 나게 약 7초 가량 공기를 들이마신다.

④ 혀를 원상태로 복귀시키고, 14~20초 가량 숨을 죽인다.

⑤ 양쪽 콧구멍으로 약 10초 가량에 걸쳐 천천히 숨을 토한다.

3시간 수면법을 실천하기 위해 식사를 적게 하면, 최초의 일주일 가량은 공복을 느낀다. 그럴 때 이 호흡법을 행하면 공복감이 줄어든다.

하루의 피로를 푸는 호흡법

① 앉거나 드러누워 자기에게 가장 편안한 자세를 취한다.

② 양손의 손가락을 깍지끼고, 단전 위에 놓는다.

③ 크고 깊게 숨을 들이마신다.

④ 입을 뾰족하게 하고, 훅훅 끊어서 숨을 토한다. 이때 양손으로 단전을 순간적으로 눌러, 마치 뱃속에서 숨을 밀어내듯 한다. 이것을 10회 정도 계속하면 그날의 피로가 가시고, 잠들기가 용이하다.

3시간 수면을 향상시키는 식사법

▶식사 방법에 따라 이렇게 효과가 다르다

우리는 통상 몇 가지 음식을 곁들이거나, 여러 가지 조미료를 가미해서 먹는다.

그럼으로써 어떠한 불이익이 생기는가? 때에 따라서는 그 식물이 원래 지니고 있는 특성이나 성질을 변화시키거나, 칼로리를 증감시키는 경우가 있다.

예를 들어 무와 당근을 채썰어 동시에 먹으면 어찌되는가? 무의 비타민C에 당근의 비타민C의 파괴 효소가 작용하여, 두 개의 비타민C가 동시에 파괴되어, 영양과는 아주 거리가 먼 것이 된다.

시금치도 여러 종류의 비타민이 풍부한 식물이지만, 뜨거운 물에 처리하면 약 7할의 비타민이 파괴된다.

칼로리 계산도 마찬가지이다. 무는 칼로리가 적기 때문에 미용식으로 환영받았으나, 거기에는 지아스타제라는 소화 효소가 있다.

그래서 무와 함께 먹은 고칼로리 식물의 소화를 도와, 다량의 칼로리를 흡수하게 한다. 그래서 거꾸로 비만을 촉진할 수도 있다.

이와 같은 불이익을 줄이고, 올바른 식사법에 유념하지 않으면 건강 유지나 비만 방지에 도움이 되지 않는다. 힘들여 3시간 수면법을 실천해도 효과를 얻을 수 없는 것이다.

그러면 여기까지 기술한 바 외에, 음식을 취할 때 어떠한 점에 주의하면 좋을 것인가를 개별적으로 설명하겠다.

(1) 화학 조미료나 첨가물을 피한다

현대의 식생활에서 화학 조미료나 첨가물을 피하기란 극히 어려운 일이다. 쌀이나 빵에까지 첨가물이 들어가 있으니 어찌할 도리가 없다.

그러나 가능한 한 피해야 하겠다는 주의가 필요하다. 그러기 위해서는 자연 식품을 중심으로, 보통 식품이라면 그 내용 표시를 확인하고 첨가물이 적은 것을 골라 구입하는 것이 긴요하다.

(2) 중성 세제는 쓰지 않는다

야채나 과일을 세제로 닦는 사람이 있으나, 이것은 극히 바람직하지 못하다. 야채에 침투한 화학 세제는 아무리 물로 씻어도 제거되지 않기 때문이다. 마찬가지로 식기를 닦는 경우에도, 세제를 쓰지 않고 물에 거듭 씻고 헹구는 것이 좋다.

(3) 식물성 기름을 쓴다

동물성 지방은 칼로리가 높아 비만의 원인이 되거니와, 혈액을 산성으로 바꾸어 결과적으로 신체의 움직임을 둔하게 한다. 따라서 버터를 식물성 마아가린으로 대치하거나 참기름 등을 쓰도록 유념

한다.

▶현미는 영양의 다이아몬드

마지막으로 2주일로 3시간 수면법을 실천하기 위한 식사법에서 극히 중요한 요소를 기술하겠다.

우선 백미(白米)를 중심으로 이 수면법을 실천하자면, 뼛속으로부터 우러나는 힘이 솟지 않는다. 늘 몸이 나른하고 힘이 없어, 운동 능력도 상당히 떨어진다. 특히, 점심 식사 후 한 시간에서 두 시간 사이에 밀려오는 졸음을 이겨내는 데 무척 힘이 든다.

그러면 빵을 중심으로 하면 어떤가?

이것도 크게 권할 일이 못 된다. 하루에 몇번이고 공복감이 밀려들기 때문이다. 특히 표백된 빵을 먹고 3시간 수면을 강행하면 가벼운 현기증을 일으키며, 길을 걷다가 문득 벽이나 전주에 기대는 경우도 생긴다.

국수류를 중심으로 할 때는, 우동이나 라면보다는 메밀국수가 좋다. 이것도 물론 자극성 있는 첨가물이나 양념을 덜 넣는 편이 좋다.

메밀에 대해서는 나 스스로가 독특한 요리법을 개발, 실천하고 있다. 출장이나 여행을 떠날 때, 메밀가루에 현미(玄米)와 밀의 싸라기——배아(胚芽)가 들어 있음——가루를 섞은 것을 휴대하고 다닌다. 여기에 소량의 물을 넣고, 간장으로 양념을 해서 김에 싸먹는 것이다. 이것만으로 심한 운동을 해도 충분한 에너지가 보충되며, 3시간 수면도 쾌적한 것이 된다.

나는 또 야채식만을 중심으로 취하며 3시간 수면법을 실험한 일도 있다. 야채는 섬유질이기 때문에 변비가 되는 일은 없다. 그래서 소화기 계통의 질병도 거의 완쾌시킬 수 있다.

그러나 새벽이나 밤중에 수족이 차가워지는 경우가 흔하다. 이것은 생야채가 인간의 신체에 음성으로 작용하기 때문이다. 따라서 이 식사법은 냉증이 있는 사람에게는 권하기 어렵다. 또한 두뇌 노동자에게는 좋을지 모르나, 스포츠맨이나 육체 노동에 종사하는 사람에게는 적합하지 않다.

그럼 가장 역점을 두어야 할 현미 중심의 식사에 관해서 이야기하겠다.

이것은 나 뿐만 아니라 내가 지도한 비즈니스맨이나 수험생 등약 300명에게 체험을 의뢰했던 결과로, 모두가 이구동성으로 신체에 극히 상쾌한 영향을 가져온다고 말하고 있다.

현미만으로는 영양 불량이 되지 않을까 걱정하는 사람이 있으나조금도 겁낼 필요가 없다. 현미에는 단백질 · 지방질 · 회분 · 칼슘 · 인분 · 철분 · 칼륨 · 비타민B_2 · 비타민E 등 45종이나 되는 영양소가 들어 있어, 실로 '영양의 다이아몬드'라고 말할 수가 있는 것이다.

그 동안 여러 면으로 살펴보았지만, 현미만큼 많은 영양분을 고루 갖추고 있는 식품은 없다고 생각한다. 3시간 수면법을 쾌적하게 실천하기 위해서는 현미식은 필수적인 요소로 생각해도 무방하다.

제7장
5분간 가수면법

수면과 가수면은 이렇게 다르다

▶가수면이라는 것은 '잠시 눈을 붙이는 것'이 아니다

　제2차 세계 대전 당시의 학교 교육에서는, 중학교 이상이 되면 학과 중에 교련(敎練)이라는 준군사 훈련이 가해졌었다.

　《아사히신문(朝日新聞)》의 대정 14년 1월 1일자 제1면에 의회에서 가결된 보도가 나와 있는 것으로 보아, 불과 20년 동안 시행된 것이나, 나처럼 '수난'을 당해야 했던 입장으로서는 결코 기분 좋은 추억이라고 할 수가 없다.

　겉으로는 '국방을 위해서'라는 극히 지당한 대의명분을 내세웠지만, 그 실태는 퇴역 군인에게 직장을 마련해 주는 한편 간부 후보생 제도에 의한 임전 태세를 정비하려던 것이 속셈이었던 것 같다.

　나는 다행히 해군 기술 장교(중위)가 되었기에, 대학 졸업 이후에는 이러한 육군 위주의 교련에는 동원되지 않았지만, 교련을 받았던 중학교 시절의 불쾌한 인상만은 지금도 씻을 수 없는 것이다.

대수롭지 않은 이야기를 해서 송구스럽기는 하지만 잠시 참고 읽어 주기 바란다. 육군의 본분은 실제로 진격해서 적지를 점령하는 데 그 존재 가치가 있다. 그러나 요즘과는 달라서 병력 수송 장갑차가 있는 것도 아니고, 지프를 타고 갈 시대도 아니었다. 군대는 오로지 걸어서 가야 했기에 중학교 시대에서나 예과 시대를 막론하고, 교련에는 '행군'이라는 고역이 필수적이었다.

물론 부유한 집안의 학생들 뿐만 아니라 누구의 발에나 물집이 생겼다. 걸음의 폭은 75cm라고 규정은 되어 있었지만, 컴퍼스가 긴 키 큰 친구는 자연히 앞서게 되고, 키가 작은 친구들은 힘겨우면서도 그 뒤를 따라가야 했으므로, 신체적으로는 물론 신경의 피로도 여간한 것이 아니었다.

피로가 극도에 달하면 한 사람, 다시 한 사람 낙오자가 생겨나게 마련이었다. 마침내는 배속 장교가 행군 정지 명령을 내리면서,

"15분 휴식! 가수면(假睡眠)하라!"

라고 외쳤다. 내가 '가수면'이라는 말을 처음 들은 것은 실은 그러한 절박한 상황에서였다.

피로에 지친 나는 그 말의 의미를 생각할 필요도 없이, 아무데서나 쓰러져 순식간에 곯아떨어졌었다.

그런데 이 '가수면' ──잠시 동안의 수면── 이라는 것이 무엇일까? 후일 대사전을 찾아보니, '잠시 눈을 붙이는 것. 선잠.'이라고 설명되어 있었다. 그렇다면 내가 행군에 지쳐 쓰러지다시피 몸을 모로 하고 짧은 시간이나마 잠든 것은 '선잠'이었을까? 아니

다! 그것은 비록 번갯불에 콩 튀겨먹을 시간의 짧은 잠이었지만 푹 빠진 '숙면(熟眠)'이었던 것이다. 따라서 대사전의 정의는 너무나 피상적인 것으로 나의 경험과는 맞아떨어지지가 않는다고 볼 수밖에 없었다.

▶피로의 극한 상태에서 발견한 방법

해군 시절, 나는 기미쓰(君津)라는 포구에 있었던 제2해군 항공창의 병기부에 배속되어 있었다.

기술 중위 정도가 되면 아마도 장교 숙소에서 늘어지게 잠을 잘 수 있었을 것이라고 생각할지 모르지만 천만의 말씀이다. 신출내기 장교의 직분은 징발된 노동자들의 기숙사 부사감직으로부터 시작되었던 것이다. 공교롭게도 나는 패전이 선포되었던 8월 15일까지 이 노동자들과 함께 기거를 해야 했다.

사감인 가와노(河野) 소좌는 그때 이미 병색이 짙어, 겨우 침대 위에서 필요한 업무를 볼 정도로 사감 노릇을 제대로 할 만한 처지가 아니었다. 그래서 결국은 선임부사감이라는 거창한 직함으로 내가 기숙사의 모든 일을 맡아 처리해야 했었다. 수시로 미군 항공기가 넘나들 때였기에, "전원 대피!" "대피 해제. 직장 복귀!" 등 목이 쉬게 외쳐대야 했다.

당시만 해도 군사 기지에서의 생활은 보통 어려운 것이 아니었다. 경계 경보 정도는 매일 밤 발령되었다. 밤중에도 B29기의 파상공격은 반복되었기에 수면 시간은 종잡기 어렵게 되었다. 눈을

붙일 만하면 해가 뜨기가 무섭게 곧바로 함재기의 기총소사가 콩볶
듯한다.

사감을 대리하자면 거기에 남보다 신경을 배는 써야 했다. 자신
은 그렇지 못하더라도 직공들은 가능한 한 잠자게 해야 비행기 부
속 하나라도 더 만들 수가 있는 것이다. 그렇지 않고는 공원들은
몸을 지탱할 수 없거니와 능률도 올릴 수가 없다.

결국 나는 군복을 벗을 틈도 없이, 전화기와 라디오 사이를 왔다
갔다 하다가 겨우 앉은 채로 의자에서 잠시 눈을 붙일 수밖에 없게
된다.

나는 하루가 다르게 쇠약해졌다. 가와노 소좌는 보다못해 이렇
게 말했다.

"사까이 중위. 틈틈이 가수면을 취해야겠어."

그분에게서 '가수면'이라는 말을 들은 것이 나에게는 두번째 경
험이었다.

그러나 지금에 와서 곰곰이 생각해 보니 그것은 글자가 뜻하는
'가짜[假] 잠[眠]'이 아니라, 곯아떨어지는 짧고도 깊은 '숙면'이
었다. 그래서 소화 14년 봄 이래 하루 3시간 수면에 뜻을 둔 나는
어느 장소에서든 3분이나 5분이라는 단시간이라도 능히 숙면을 취
할 수가 있게 된 것이다.

물론 내가 늘 자는 이불 속에 들어가 마음놓고 자는 것은 기분이
좋다. 그러나 내 집 아랫목의 내 이불 속이 아니라면 푹 잠들 수 없
다고 하면 전시하의 생활에 적응할 수가 없었을 것이다. 그런 곳에
잠이라는 것의 신비성이 감추어져 있는 것이 아닌가 생각된다.

여기에서 다시 한 번 가수면이라는 것을 생각해 보자. 피상적으로 말하자면,

※ 침구라는 것은 없다.

※ 상식적으로는 잘 시간의 잠이라고 할 수가 없다.

※ 일반적으로는 여간해서 수면이라고는 할 수 없는 짧은 시간의 수면

※ 잠들기 전후에 일을 그대로 속행할 수 있는 일시적 휴식과 같은 잠이다.

이상과 같이 일단 정의할 수 있을 것 같다. 이런 정의를 염두에 둔다면 비록 숙면을 한다고 해도 가수면이라는 용어를 써도 무방할 것 같다.

따라서 다음부터 이 책에서의 '가수면'이라는 용어는 모두 이런 의미로 받아들이기 바란다.

▶가수면을 취할 수 있다는 것은 건강하다는 증거

따라서 속된 표현으로 '선잠'이라는 것은 나에게는 가수면이었던 것이다. 그렇다면 나에 대한 평가는, ──걸핏하면 잠자는 작자다. 저래가지고야 어떻게……?──라는 생각이 들지도 모른다. 그러나 그 가수면이 1회에 3분이라면, 20회 거듭해 봤자 1시간밖에 되지 않는다. 5분간 눈을 붙인다고 해도 12번은 잘 수가 있다. 거기에 가수면이 지니는 특성이 있다고 생각해도 무방하겠다.

나는 단 한 번, 해군기를 조종하면서 잠들어버린 경험이 있다.

불과 몇 초 사이였지만 인사불성이었다. 문득 정신이 들어 눈을 비벼떴을 때, 비행기는 조금도 흩어지지 않고 수평 비행을 지속하고 있었다. 안도의 한숨을 몰아쉬었지만 등에는 식은땀이 흐를 정도로 위험한 일이었다. 그후 나는 절대로 단독 비행은 하지 않기로 했었다. 본인으로서는 자기도 모르는 사이에 죽는 것이라, 만약 사고가 일어난다 하더라도 그나마 다행이라고는 할 수 있을지도 모른다. 그러나 직속 상관이나 가족들에게는 얼마나 송구스럽고 가슴아픈 일이겠는가?

그후에, 나는 이 이야기를 베테랑급 선배에게 털어놓은 일이 있었다. 그러자 선배는,

"여보게, 걱정할 일이 아니야. 나도 늘 그런 잠에 빠지곤 한다네. 특히 전쟁중에는 심했네. 교관이 지켜보는 훈련이 아니었기에 더더욱 해방감이 가미되어 깜빡 잠들기가 십상이었네."

라고 털어놓으며 웃은 일이 있었다. 전투기를 조종하고 목숨을 건 싸움터로 날아가면서 존다——얼마나 담이 큰 이야기인가? 더구나 그는, 명파일럿이라고 자타가 공인했던 비행술의 명수였다.

엉뚱한 옛날 이야기지만, 그의 두뇌를 공중전에서 더욱 명석하게 해 주었던 것은 그 짧은 가수면이었을 것 같다. 그런 의미에서 내가 틈만 있으면 잔다고 비난을 받아도 할 수 없는 일이다. 그러나 그것이 게으름이 아니라 나처럼 인사불성에 빠질 만큼의 숙면이라면, 그것은 가수면이라는 표현보다는 가사 상태라고 할 수도 있을 것이다. 물론 꿈을 꾸기는커녕, 잠꼬대를 할 그러한 한가한 잠이 아니다. 문풍지가 들먹거릴 정도의 코고는 잠이라면 그것은 짧

은 숙면인 것이다.

이런 이야기를 전개하고 보니 불면증으로 고생하는 분은 아마도 부러워할 것이다. 그러나 나에게는 불면증의 경험이 거의 없으므로 어떻게 말을 해야 할지 모르겠다. 단지 언제든 가수면에 빠져들 수 있다는 것은 극히 건강한 신체적 여건이 앞서는 것으로 생각된다. 건강은 숙면으로부터——라는 말을 염두에 두고 다음 페이지를 읽어 주기 바란다.

▶동물과는 다른 대뇌의 휴식

잠시 자는 것을 가수면이라고 생각한다면 가수면이란 극히 단순한 것——이라고 생각될지 모른다. 그러나 '잠의 혁명'이라고 내건 이상, 그렇게 단순할 수는 없다.

그래서 우선 잠이라는 것부터 생각해 보자.

인간은 동물의 일종이니까 말할 것도 없이 활동하는 존재이다. 이 활동은 아시다시피 수족의 움직임으로 상징된다. 그리고 그 주체는 근육이다. 모든 근육은 두 개의 계통에 의해서 통제되고 있다. 구체적으로 말하자면, 그 움직임을 규제하는 하나의 계통과, 그 움직임에 필요한 에너지를 공급하고 폐기물을 제거하는 것과 같은 작용을 하는 또 하나의 계통이다. 전자는 말할 것도 없이 뇌의 소관이고 후자는 자율신경의 일종이다.

인간은 살아 있는 한, 세포의 신진대사가 반복된다. 따라서 새로운 세포를 만들어내는 데 충분한 영양분을 공급해 주어야 한다. 그

것이 우리가 마시고 먹는 것이다.

그리고 그것을 관장하는 것이 소화기라고 불리워지는 계통의 기관이다. 또한, 화학 변화를 일으키게 하기 위해서는 산소가 필요하다. 그것을 위한 계통에는 호흡 기관이 있다. 그리고 이러한 영양소나 산소를 실어나르고 노폐물을 회수해 내는 것이 혈액이며, 그것을 순환시키고 있는 계통이 순환기라고 불리워지는 계통이다.

보통 동물이라면 이 정도만 생각하면 좋을지 모른다. 그러나 인간 정도가 되면 좀더 특이한 활동을 하고 있는 부분이 있다는 것을 잊어서는 안 된다. 그것은 연민의 정이라든지 혹은 철학을 생각하고 수학을 푸는 것과 같은 것을 관장하는 부분이다.

이것은 대뇌가 담당하고 있다는 것인데도 '뇌가 피로하다'라고는 흔히 표현되지 않는다. '머리가 아프다'라든지, '신경이 피로하다'와 같은 말로 표현되는 것이 보통인 것 같다.

어쨌든 이러한 여러 가지 움직임이 신경에 의해 제어되고 있음에는 틀림없지만, 단지 신경이라고 해서는 구별이 되지 않는다. 그래서 나는,

- 육체계(근육적인 움직임)
- 자율신경계(소화기, 호흡기, 순환기 등)
- 두뇌계(정감, 사고, 판단 등)

이라는 3종의 형태로 표현하고 다루고자 한다.

▶수면이란 일종의 '준비 태세 만들기'

수면이라는 것은 이들 3종 계통의 휴식을 의미하는 것으로 바꾸어 말할 수 있을지도 모르나, 각기 그 연관 관계에 있어서 평형(平衡)을 조절하는 시간에 상당하다고도 말할 수 있겠다.

따라서 수면이란 단순한 휴식이라기보다는, 잠을 깨었을 때 효과적으로 행동에 대응할 수 있는 일종의 '준비 태세 만들기'라고 생각하는 것이 합당할 것 같다.

이러한 의미에서 말하자면, 앞서 말한 3가지 계통이 동시에 쉰다는 것이 이상적인 수면이라고 말할 수 있겠거니와, 또한 동시일수록 조절도 잘 되고, '태도 만들기'에도 시간을 지체하지 않는 것이 된다.

이것이 단시간 수면에 대한 나의 개념이다. 따라서 단순한 휴식이라고 생각해서는 올바르지 않은 것이다. 오히려 맡은 바 임무로부터의 해방이자 상호간의 정보 교환의 시간이라고 생각할 일이다.

이런 식으로 생각하면, 3개의 계통이 동시에 해방되는 그것이 수면이고 숙면이어서 아무리 시간은 짧더라도 '가수면'이라고는 말할 수 없을 것이라고 생각한다. 그렇다면 문학적 표현으로는 '선잠'이라고 단순히 표현되는 가수면도, 논리적으로 해석해 들어가면 좀더 다른 형태가 되는 것은 아닐까? 그래서 나의 격식에 의한 3가지 타입을 소개하고자 한다.

▶효율적인 가수면 그 3가지의 타입

(1) 싸움터에 나가면, 앞서 말한 바대로 행군은 필수불가결한 이

동 수단이 된다. 때로는 휴식을 취하기 위해서 밭고랑에 앉아 담배 한 대를 피운다고 해도, 언제 어디에서 적이 나타날지 모르고 언제 포탄이 날아올지도 모른다. 이런 경우의 가수면을 생각해 보자.

피로에 지친 육체는 해방되어 조절기(調節期)에 들어간다. 자율 신경도 가라앉고, 호흡도 맥박도 조용히 조절기에 놓인다. 그러나 두뇌 계통은 완전히 해방되지 못하고 긴장 상태를 지속하고 있다. 언제 생명과 직결되는 돌발 사태가 일어날지 모르는 것이다.

이렇게 생각해 보면, 3가지 계통 중에서 두뇌계만이 여전히 활동을 계속하고 있는 타입의 가수면이라고 생각할 수 있을 것이다. 따라서 세 가지 요소가 모두 해방된 상태가 아니므로 물론 숙면이라고는 할 수 없다.

(2) 스포츠에 열중하다 보면 시장해진다. 따라서 운동이 끝나면 이상할 정도로 식욕이 당긴다. 이것은 소비를 한 후의 보충에 대한 욕구이므로 당연하다고 말할 수 있다.

마음껏 먹어서 배가 부르면 대개의 경우 졸음이 밀려온다. 견딜 수 없어 모로 눕기만 하면 곧장 코를 골아버린다. 흔히 있는 일이라 누구든 경험이 있을 것이다. 이런 경우의 가수면은 어떠한 것일까?

이 경우 두뇌 계통은 명백히 해방되어 있다. 또한 육체계도 완전히 해방되어 있다. 그러나 자율신경은 대활약중인 것이다. 소화기 계통은 물론 풀 가동중이거니와, 혈액 역시 영양을 배급하고 폐기물을 모아들이는 데 분주하다. 즉, 자율신경계만은 해방되지 못하고 있는 상태일 것이다.

⑶ 이번에는 철야 마작을 한다는 이야기이다.

사람에 따라 차이는 있으나, 철야 마작을 하면 아무리 긴장을 하고 있어도, 대개 한 번이나 두 번은 견딜 수 없는 졸음에 시달릴 때가 있다. 시간으로는 한밤중인 2시경으로부터 새벽 5시경이 극심하다.

극도에 달하면 꾸벅꾸벅 졸기 시작하나, 이상하게도 패를 움직이는 손은 쉬지를 않는다. 비즈니스맨이라면 대개 경험이 있으리라. 이것도 또한 일종의 가수면이라고 할 수 있다.

이 경우, 두뇌계도 자율신경계도 명백히 해방된 상태가 되어 있으나 육체계만은 해방되지 못하고 활동을 계속하고 있는 것이다.

이런 종류의 가수면은 굳이 마작이나 노름에 한정된 일이 아니다. 말 등 위에서 잠잤다는 나폴레옹에게서나, 길을 걸으며 잠을 잔다는 장거리 행군에서도 흔히 볼 수 있는 현상이다.

▶'얕게', '짧게'가 전부가 아니다

그런데 이렇게 3가지 타입을 나열해 보면, 인간의 행동을 지탱하고 있는 세 가지 요소, 즉

- 육체계
- 자율신경계
- 두뇌계

중에서 어느 것인가 하나는 활동을 계속하고 있는 상태에 있는 잠이, 일단은 '가수면'이라고 일컬어지는 잠이라고 할 수 있을 것 같

다. 따라서 지금까지의 이야기를 정리해 보면, 그 계속 시간과는 전혀 관계없이 수면이란 이질적인 것이라고 생각해야 할 것이다.

가수면이라고 하면 일반적으로,

- 극히 얕은 잠
- 극히 짧은 시간 동안의 잠

이라고 생각하고 있는 모양이나, 나는 이렇게 생각하고 싶지가 않다. 굉장히 깊은 가수면도 있을 수 있거니와 장시간 계속되는 가수면이 있다고 해서 이상할 것이 없다고 보는 것이다.

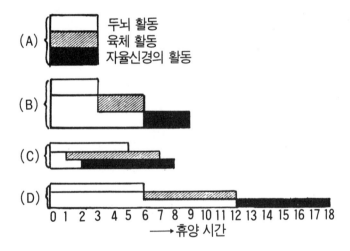

여기에서 위의 도표를 참고해 주기 바란다.

이 도표 중에서 (A)와 (C)는 '수면'이라고 할 수 있으나, (B) 와 (D)는 오히려 '가수면'이라고 생각하는 것이 합당할 것이다. 그러나 가수면이라고 해서 몸의 컨디션이 회복될 수 없다는 것도 아니거니와 또한 병이 되는 것도 아니다. 인간의 신체라는 것은 그렇게 적응성이 없는 것도 아니고, 융통성이 없는 것도 아니다. 그렇지 않고는 강행군을 계속하다 보면, 싸움을 하기도 전에 모두 죽어버릴 것이 아닌가?

이렇게 생각하고 보면, 어느 조건하에서는 가수면만으로도 생활을 할 수도 있을지 모른다. 세 가지 요소 중에 어느 것인가는 활약을 하고 있는 것이니까 보기에 따라서는 전혀 자지 않고 계속 일하는 것으로 보일지도 모른다. 그렇다면 그만큼 가수면의 의미는 높이 평가받게 된다. 그것이 이 책에서 겨냥하는 표적인 것이다.

나쁘게 말하자면, 누구나 가볍게 생각하는 가수면을 보다 유효하게 이용하고 생활 경쟁에서 우위에 서려는 것이니만큼, 가수면이야말로 성공의 열쇠 ——라고 말해도 좋을 것이다.

지금 왜 가수면이 필요한가

▶눈의 피로를 즉석에서 풀 수 있다

사람에 따라 다르겠지만, 나는 눈이 대단히 약하다. 약시(弱視)라고까지는 할 수 없으나, 잠시 일에 열중하다 보면 곧 눈이 충혈된다.

돌이켜 생각해 보면, 중학생 무렵에는 해마다 안과 의사에게 다녔던 기억이 난다. 결막염 등으로 해서 걸핏하면 눈이 짓무르기 예사였던 것이다.

만주에 있었을 때도 그렇게 약한 눈을 돌보기 위해서 당시의 유명한 약이었던 '大學眼藥'을 몇 병이나 사 가지고 갔었다. 나에게는 그 안약이 치료제라기보다는 오히려 세안제(洗眼劑)나 냉각제였다고 말하는 것이 합당할 것 같다. 덕분에 나는 눈 때문에 큰 고생없이 직무를 수행할 수가 있었다. '大學眼藥'의 덕을 톡톡히 본셈이다.

눈이 피로하면, 역시 제일 좋은 방법은 눈을 감는 것이다. 그러나 눈을 감고만 있어서야 일을 할 수가 없다. 더구나 단시간 수면을 몸에 익히고 있는 터라, 눈을 감기만 하면 순간적으로 잠들고 만다. 일이 이렇게 되면 그것이 아무리 효과적이라고는 하나, 눈을 감는다는 것은 잠자겠다는 의미가 되어 아무때, 아무데서나 할 수 있는 것이 못 된다. 그래서 안약을 상용한다는 수단이 강구되었다고 해서 나무랄 일이 아니다.

일반적으로 두뇌 노동자나 정밀을 요하는 일에 종사하는 사람에게는 눈은 곧 생명이라고 해도 지나친 말이 아닐 것이다.

눈이 정상적으로 기능을 발휘해 주지 않고서는 일은 뜻대로 진척될 수가 없다. 따라서 만약 백내장이나 어떤 안과 질환으로 시력이 극도로 저하되면 그야말로 마음만 조급할 뿐, 무엇 하나 제대로 완수할 수가 없게 된다.

이러한 의미에서 '5분간 가수면법'은 대단히 효과적이라고 말할 수 있을 것 같다. 눈을 감고 휴식을 취하는 것이니까, 안약을 넣는 것보다는 부작용을 걱정할 필요도 없거니와 자연적이고도 근본적인 회복을 기할 수 있다.

그러나 앞서도 걱정했다시피 언제까지나 쿨쿨 잠들어 있으면 문제가 달라진다. 문제는 어떻게 단시간 내에 잠을 깰 수가 있느냐이다. 물론 거미줄처럼 놓여 있는 책상머리에서 혼자서 코를 곤다는 것은 바람직하지 못한 일이다. 그렇기 때문에 대인 관계에 있어서 가수면법의 어려움이 있는 것이다.

▶눈은 두뇌 피로도의 바로미터

수면을 효과적으로 취한다는 것은 어떻게 잠을 깨느냐에 달려 있다고 이미 언급한 바가 있다. 가수면에 있어서 잠을 깨는 요령을 익혀 두지 않는 한 무턱대고 권장할 수가 없거니와, 자칫 잘못하면 근무 평가가 떨어져 권고 사직의 쓴 잔을 마시게 될지도 모른다.

하여간 눈은 마음의 창이라고도 표현되지만, 두뇌의 피로도를 반영하는 바로미터라고도 할 수 있는 것이다. 두뇌가 명석할 때는 글자도 명백히 보이거니와 그 눈빛도 맑고 빛이 난다.

그러나 두뇌가 피로에 접어들면, 우선 활자가 흐릿해지고 초점이 맞지를 않는다. 그런 상태에서 일을 강행하면 눈에 핏발이 서고, 마침내 활자는 물에 번진 것처럼 흐릿해지고 만다. 사태가 그 지경이 되면 더 이상 버틸 수는 없고, 안약을 넣거나 눈을 감고 휴식을 취할 수밖에 별 도리가 없다.

이런 관점에서 생각을 정리해 보면 눈을 감는다는 것으로 상징되는 잠이라는 것은 아무래도 두뇌를 쉬게 하는 것이 주목적이 될 것 같다. 그렇다면 두뇌 이외의 것을 해방해 주는 데는 반드시 눈을 감아야 하는 것은 아닐 수도 있다.

▶5분간 가수면법의 지름길은?

자신의 신변 이야기를 자꾸 늘어놓아서 죄송하지만, 나는 식탐이 별로 없어 적게 먹는다. 육류는 거의 입에 대지 않거니와 기름기도 좋아하지 않는다. 생선을 약간 먹고, 나머지는 야채나 두부, 또는 어묵 정도이다. 주식으로는 밥 한두 공기나 메밀국수·죽 등을 즐겨 먹는다.

구태여 보통 사람들과 다른 점을 내세우자면, 맥주를 매일처럼 마시고 주전자 하나 가득한 물을 마시며, 소금기가 많은 된장국이나 채소 절인 것을 좋아한다는 정도이다.

이와 같은 나의 식성이 수면이라는 면에서 어떻게 반영되는가를 잠시 생각해 보기로 한다.

소화가 잘되는 것을 먹는다는 것은 그만큼 소화기 계통의 부담을 적게 해 주는 일이 된다. 또한 물과 맥주나 소금기는 이뇨제로서의 구실을 한다. 즉, 노폐물 처리를 촉진하는 것이 되므로 육체계의 해방에 도움을 주는 것이다. 다시 말해서, 가령 일을 계속하더라도 예상 외로 육체계나 자율신경 계통은 부담이 덜한 해방 상태에 있다고 볼 수가 있는 것이다. 따라서 이런 의미에서, 단시간 수면을 몸에 익히기가 수월했는지도 모른다.

이런 식으로 생각하자면, 육류를 멀리한 소식(小食)이야말로 단시간 수면의 열쇠이자, 동시에 5분간 가수면법의 지름길이라고 할 수 있겠다.

실제로 내 주위를 둘러보더라도 식도락가들은 모두가 7~8시간은 자고 있다. 더구나 거의 비대해서 간장이 어떻고, 혈압이 어떻다는 등 걱정이 많다. 나의 처지로 볼 때는 마치 타국 사람처럼 느껴진다. 그래서 누가 뭐라고 하든 건강하고, 단시간 수면의 생활을 누릴 수 있는 것이 바람직한 상태라고 할 수가 있다.

거듭되지만 난 의사의 말을 별로 귀담아 듣지 않는다. 아니, 머리에 두지 않는다고 하는 편이 맞을 것 같다. 그것은 이러한 신념을 갖고 있기 때문이다.

"먹는 것이 적어서 걸린 영양 실조는, 먹기만 하면 간단히 고칠 수 있다. 그러나 과식에 의한 건강 실조는 단식한다고 해서 고칠 수 있는 것이 아니다."

일단 기능이 엉망이 된 간장이나 신장은 절대로 원상을 회복할 수가 없다고 한다. 누구나 자중할 일이다.

▶눈과 두뇌에 부담을 주지 않는 법

이야기가 옆길로 샜지만, 이 정도에서 본론으로 돌아가기로 한다.

최근 아이들을 눈여겨보면, 안경을 쓰고 있는 비율이 높다. 나역시 국민 학교 6학년 때 가성근시(假性近視)로 안경을 썼었지만, 그 무렵에 안경을 쓰고 있던 아이들은 15~20명에 한 사람꼴이었다고 생각되는데, 요즘에는 그 비율이 역전해서 안경을 끼고 있지 않은 아동의 비율이 그 정도인 것 같다.

물론 안경을 쓰고 있으니까 눈이 약하다고는 할 수 없겠지만, 하여간 눈에 큰 부담을 주고 있다는 점은 틀림이 없을 것이다.

먹는 것이 달라진 탓인지, 텔레비전이나 만화책 탓인지는 단언할 수 없으나, 옛날과는 다른 어떤 여건의 변화에 까닭이 있는 것만은 의심할 일이 아니다. 하여간 눈을 혹사한다는 것은 그만큼 머리를 혹사한다는 것과 맥을 같이한다. 그렇다면 당연히 수면에도 영향을 끼치는 것으로 생각해도 무방할 것이다.

수험생이 공부하던 짬을 틈타 가수면을 취하는 것은, 그 능률면에서 생각하면 권장할 만한 일이다. 반면에 체력을 보충한다고 해서 이른바 '영양이 풍부한' 햄이나 소시지, 또는 크림과 같은 양식을 배불리 먹이는 것은 찬성할 수가 없다. 혈액이 모두 소화기 계통에 동원되어, 두뇌 쪽이 텅 빌 뿐만 아니라 이런 상태에서 가수면을 취한다고 해도 여간해서 머리가 상쾌해지지 않기 때문이다.

이러한 의미에서 나는 수험생 여러분에게는 가능한 한 소식주의를 취하도록 권고하고 싶다. 빈 배를 졸라매고 눈을 까뒤집은 공부라는 것은 비참하게 들릴지 모르나, 그 여분의 혈액이 두뇌에 동원된다면 그만큼 두뇌의 회전은 빨라지며, 짧은 가수면으로 충분히 회복할 수가 있기 때문이다.

제8장
아무도 모르는 가수면의 메커니즘

소홀히 할 수 없는 가수면의 진가

▶가수면은 낮잠과는 전혀 이질적인 것이다

가수면이라고 하면 대사전의 정의가 아니더라도, 왜 그런지 모르게 신통치 못한 잠이라는 인상에 치우치기 쉽다. 그래서 그런지 소홀히 생각되는 것이 보통이다. 특히 호화스럽고 푹신한 침대에서 자야 잔 것같이 생각하는 사람들에게는 극히 쓸모없고 게으르며, 시간의 낭비로밖에 생각되지 않는 모양이다.

그러나 그것은 생활에 대한 사고 방식에서 오는 것으로, 그 진가는 단시간 수면의 실천자가 아니고는 이해하기 어려운 일일 것이다. 또한 그렇게 푹신한 침대에서 늘어지게 잠을 자는 사람에게는 여간해서 단시간 수면을 실천에 옮길 수 없거니와, 그럴 필요도 적기 때문이다.

거듭 예로 들게 되지만, 실제로 싸움터에 나가 보았거나 연일 수시로 밀려오는 적기의 공습하에서 생활해야 하는 조건에서는 여간해서 늘어지게 자 볼 기회가 없다. 말하자면 가수면의 연속이다. 그러나 수면 부족으로 노이로제에 걸리는 사람도 없었거니와 발광하는 자도 없었다. 물론 쓸데없이 잠을 탐내는 사람도 없었거니와 잠에 취하는 자도 없었다. 왜 그랬을까?

그것은 생명의 극한 상황을 넘나드는 생활이었기 때문이다. 늘 위험에 직면하고, 더구나 먹을 것이 부족해서 배불리 먹을 계제가 아니었고 만사 시간이 불규칙적이었던 까닭이다.

"아마도 잠시 숨을 돌릴 것 같다. 이 틈에 식사를 해두자."

"이제 날이 밝기까지는 공습이 없을 것 같다. 이 틈에 한잠 자두자."

그러한 틈과 짬을 누비는 중에 생활의 리듬이 적응했던 것으로 생각되는 것이다.

이처럼 생각하면 인간은 폭넓은 적응성을 지니고, 강한 생명력을 지니고 있는 것으로 생각된다. 더구나 그 한계는 체험을 쌓는 것으로 얼마든지 넓혀갈 수가 있다. 따라서 문제는 어떻게 해서 그러한 극한 상태에 스스로를 몰고 갈 것인가가 되겠다.

지금도 언급한 바와 마찬가지로, 생명의 극한에 처해서 생활했을 때에는 가수면의 반복만으로 신체는 충분히 유지될 수 있었고, 긴장한 탓이겠지만 '잠에 취한 잠'이나 선잠을 잘 수도 없었던 것이다. 따라서 이 일만 보더라도 가수면이란 선잠이나 한가로운 낮잠과는 본질적으로 다른 것임을 이해할 수 있을 것이다. 이 점에 대해서 좀더 알기 쉽게 설명해 보기로 한다.

▶극한 상태에 한 번쯤은 도전해 보자

겨울 새벽녘은 춥고 어둡다. 그러나 이불 속은 포근하고 따뜻하다. 따라서 충분한 수면을 취하고 눈을 떴는데도 이불 밖으로 나오기가 아쉽다.

"뭐야, 아직 5시밖에 안 됐잖아. 아직 1시간은 여유 있군. 한숨 더 잘까!"

"뭐야, 벌써 6시인가? 그러나 5분 정도는 괜찮겠지!"

이러한 자문자답을 반복하는 한, 이불에서 뛰쳐나오기란 어렵다. 더구나 당사자는 '한잠'이라고 생각하는 모양이지만, 그것은 느긋한 온기를 즐기고 있는 것일 뿐, 수면으로서는 아무런 효과도 없는 것이다. 즉, 이러한 수면이 '잠에 취한 잠'이라고 하는 것이다.

일반적으로 잠들 때 심신이 모두 피로한 상태에 도달해 있는 것은 만인에게 공통된 것이라고 생각해도 무방할 것이다.

그 피로의 회복에 얼마만한 시간이 필요한가는 그 수면의 알맹이, 혹은 개인적 환경 조건, 개인 성격의 차이에 달렸다는 것은 부정할 수 없다. 그러나 완전히 회복한 상태가 되어서도 일어나려고 하지 않는다면 그것이야말로 '잠에 취한 잠'이 아니겠는가?

그런데 다시 한 번 공습하에서 보낸 생활을 돌이켜보자.

공습하에서처럼 생활의 리듬이 외적 요인으로 강요되는 경우에는 개개인의 사정 같은 것은 전혀 통용되지 않는다. 그런 철없는 주장에 몸을 맡겼다가는 먼저 직격탄을 맞거나, 어느 귀신이 잡아

갈지 모르기 때문이다. 따라서 스스로 자진해서 그러한 외적 환경에 적응하지 않고는 도저히 목숨을 부지하기 어려운 것이다. 그리고 그 결과는 무 짠지 몇 개에 된장국과 주먹밥 한 덩이라는 소식에 가수면이었다.

이렇게 쓰다 보니 공습하의 생활을 찬미하는 것처럼 들릴지도 모르나, 물론 그럴 심산은 아니다. 단지 100까지 혹사해도 충분히 지탱할 수 있는 내용을 지니고 있으면서도, 기껏 10이나 20 정도의 부담으로 끝내고 있는 지금의 생활 태도를 반성해 보라는 것이 그 취지인 것이다.

"나의 한계는 어느 정도인가? 한 번 도전해 보자."

그런 것을 생각해 보고, 실제로 시도해 본 사람이 과연 얼마나 될 것인가?

▶낮잠은 왜 자게 되는가

선생이라는 직업을 갖게 된 후, 강의중에 낮잠을 자는 학생이 적지않다는 것에 생각이 미쳤다.

생각해 보면 극히 자연스러운 현상이다. 별로 책망할 일도 아닌 성싶다. 왜냐하면 밤마다 무엇을 목적으로 하는지는 모르지만 아르바이트를 하기도 하고, 디스코테크에도 출입했을 것이며, 개중에는 트럼프놀이로 밤을 새운 학생도 있을 것이다.

그러나 진지하게 공부할 각오를 했다면 낮잠을 잘 엄두가 나지 않을 것이다. 매일처럼 낮잠에 곯아떨어지다 보면 도저히 강의를 따라갈 수 없게 된다. 그렇게 되면 자기가 이해할 수 없는 강의에 흥미가 일어날 리가 없고, 실력 있는 학사가 되어 보겠다는 의욕도 감퇴된다.

대학에서 가장 핵심이 되어야 마땅할 강의도 이쯤 되고 보면 전혀 인연이 없는 존재가 되고 마는 것이다.

나 역시 하루 3시간 수면에 뜻을 두었던 학생 시절에는 강의중에 눈까풀을 내리누르는 낮잠에 필사적으로 맞서 봤지만, 동료 중에 하나 둘은 빠지지 않고 낮잠을 즐기는 자가 있음을 알 수가 있었다.

그들의 대부분은 자칭 호걸이거나, 운동부의 강자들이었다. 나는 검도부에 소속해 있었는데, 도장 내를 설치고 돌아간 호걸급은 오후 강의 시간이 되면 도저히 보아줄 형편이 아니었다. 흘러내리는 침, 노트 위에 내려앉은 머리, 더구나 잠꼬대라도 하게 되면 저 사람이 박진감 넘치는 검도의 강자라고는 생각되지 않을 정도였었다.

낮잠이 긴장도의 부족에서 나타난다는 것은 부정할 수가 없다. 더구나 화제의 내용을 이해할 수 없으면 긴장하고 싶어도 초점을 맞출 수가 없다. 이것은 역으로 너무나 뻔한 내용을 반복해도 마찬가지이다.

"또 그 소리야!" 하고 도대체 긴장과는 거리가 멀어져서 같은 결과를 초래한다. 즉 낮잠을 유발하는 인자로서는,

──소 귀에 경읽기로 도저히 그 내용을 이해할 수 없는 말을, 어느 한정된 음역(音域)의 공간에서 리드미컬하게 반복한다──

─── 뻔한 내용을 한없이 반복한다 ───

라는 서로 다른 성격을 고려해 넣을 수가 있다.

▶ '수면'이라고는 할 수 없는 낮잠의 메커니즘

그러면 수면이라는 측면에서 볼 때, 낮잠은 과연 어떠한 성격의 것일까?

- 따뜻한 조건, 만복 상태에서 우러나기 쉽다. 왜냐하면 빈 속을 움켜쥔 추운 밤에는 절대로 볼 수 없는 현상이므로……. 따라서 자율신경은 활동하고 있는 중이어서 해방된 상태가 되어 있지 않다.
- 긴장도는 부족하지만, 성격상 정정당당히 탐닉할 것이 못되므로, 양심이라는 것은 눈을 뜨고 있다. 따라서 두뇌계로 보더라도 완전히 해방된 상태라고는 할 수 없다.
- 낮잠을 잘 때는 흔히 고개를 아래위로 흔들게 된다. 이것은 자꾸 무너지려는 자세를 곧추세우고자, 반사적으로 육체계가 정신을 차리고 있는 증거이므로, 육체계 역시 완전히 해방되었다고는 볼 수 없다.

대체적으로 이러한 것이다.

이렇게 생각할 수 있는 것이라고 하면, 예시한 도표처럼 수면이 담당해야 할 역할은 하나도 충족되지 않고 있음을 알 수 있다.

즉 겉보기에는 틀림없는 잠의 형태이기는 하나, 내용적으로는 아무리 생각해도 수면이라고는 할 수 없을 것 같다. 따라서 낮잠도 일종의 '잠에 취한 잠'에 불과하다.

▶가수면은 당신의 수면 체계를 근본적으로 바꾼다

나는 잠의 효율에 대해서 뜻을 둔 이래, 가수면의 경험은 많지만 '잠에 취한 잠'이나 낮잠의 경험은 거의 없다. 경험자의 이야기로는 극히 기분이 좋은 것이라고 하나, 그 맛을 나는 모른다. 그러나 일시적 마약 중독의 도취감 같은 것이라면, 전혀 이해가 가지 않는 것도 아니다. 형용하기 어려운 감각에의 자극에서 오는 도취는 하늘을 나는 느낌이라고 하니 말이다.

이렇게 쓰고 보니 문득 '잠에 취한 잠'이나 낮잠도 마약과 유사점이 있다는 데에 생각이 미친다. 그것은,

- 습관성을 지니고 있다.
- 도취된 기분을 맛보는 것일 뿐, 생리적으로는 아무런 효용이 없다.
- 의지가 약한 자에게 흔하며, 진지하게 생활에 임하고 있는 사람에게는 전혀 발생하지 못한다.
- 도취에 젖어 있는 동안에는 얼마나 침을 흘리고, 얼마나 볼품없는 꼴이 되어 있는지 개의치 않는다.

이와 같은 공통점을 발견할 수가 있기 때문이다.

인생이라는 관점에서 보자면, '잠에 취한 잠'도 낮잠도 마약 이외의 것이라고는 할 수 없다. 그것은 생활의 진지함을 좀먹고, 무엇이든 적당주의로 연결시킨다. 그러면서도 일단 맛보게 되면 여간

해서 빠져나오지를 못한다.

그러나 가수면은 전혀 성질이 다르다. 원래는 버젓이 수면을 취할 일이나, 그것이 허용되지 않기에 수면을 대신하는 것이 가수면인 것이다. 언제 날아올지 모르는 적탄을 의식하면서 과연 '잠에 취하는 잠'이나 낮잠을 즐길 수 있겠는가?

세계 대전이 끝난 지도 오랜 옛날, 세상은 공습을 당할 위험도 없이, 평화 일색으로 태평 세대를 구가하는 것처럼 보인다. 그러나 그것은 어디까지나 표면상의 관찰이다. 세상은 극심한 경쟁 사회로 변모했고, 보기에 따라서는 범죄 사회이기도 하다. 잠시라도 방심 했다가는 퉁겨져 내몰린다. 하루하루가 도태되느냐 살아남느냐의 막다른 골목인 것이다. 그런 판국에 마약과도 같은 잠에 취해 있거나 낮잠을 탐닉한다는 것이 과연 있을 수 있는 일이겠는가?

이러한 의미에서 목소리를 높여 권고하고 싶은 것이 가수면의 진가의 인식이다. 어떻게 가수면을 이용하느냐는, 바꾸어 말한다면 성공에의 지름길이라고 할 수 있을 것이다.

더구나 그것은 수면 체계까지도 바꾼다는 혁명적 인자를 지니고 있음에 유의해 주기 바라는 것이다.

오른쪽 뇌와 왼쪽 뇌의 효과적인 전환을 꾀하라

▶전환의 '즉응성(即應性)을 배양하는 5분간 가수면법'

인간의 뇌에는 우뇌(右腦)와 좌뇌(左腦)가 있고, 그것이 관장하는 내용은 전혀 다르다고 한다.

그래서 우뇌를 쓸 때는 좌뇌를 쉬게 하고, 좌뇌를 사용할 때는 우뇌를 잠들게 할 수 있다면 마치 영구 동력에 의한 운동처럼 뇌의 활동을 무한히 계속시킬 수가 있을 것이다.

그러나 그것은 하나의 이론이어서, 언제나 문제가 되는 것은 우뇌로부터 좌뇌, 좌뇌로부터 우뇌로의 전환(轉換)이다. 인간인 이상, 아무래도 감정적 타성은 있게 마련이고 기분에 치우친 찌꺼기가 남게 된다는 것은 부정하기 어렵다. 그렇다면 여기에서 설명한 전환이라는 것은 인생을 결정짓는 중대한 열쇠라고 할 수 있을 것 같다.

이상한 일로는 머리가 좋은 수재에게는 약한 과목이 없다. 책을 펴들거나 강의를 듣거나, 거기에 대응해서 필요한 뇌가 즉각 활동을 하는 모양이다.

이것은 전환이라기보다는 응동성(應動性)으로 생각할 일이겠으나, 그 유연성과 즉응성이야말로 신기에 가까운 것으로 느껴진다.

이런 수재라면 어떤 대학을 지망하든 어떤 진로를 택하든 거치는 것이 없고 뜻대로일 것이다. 그러나 그럴 수 없는 대부분의 명청이(?)들은 어찌할 것인가? 여기에 이 책에서 주장하는 '수면의 혁명'이 있는 것이라고 생각해 주기 바란다.

여담이지만, 나처럼 형형색색의 경력과 도락을 지니고 있는 사람도 드물 것이다. 나는 원래가 순수한 대학인이 아니다. 만주를 떠돈 경험이 있고, 해군 사관으로서의 과거도 지녔다. 철도청의 기사로 일한 일이 있는가 하면, 건설 회사의 과장도 지낸 바 있다. 그밖에 오케스트라의 멤버였거니와 서도(書道)에도 몰두한다. 조종사로서 하늘을 날기도 하거니와 바둑도 둔다. 이렇게 되니 상대해야 할 사람들이 천차만별이다.

이렇게 광범위한 사람들과 교제하다 보면 개중에는 무서울 정도로 머리가 명석한 친구가 있다. 그들의 공통점은 우뇌로 판단할 일은 정확히 우뇌로 판단하고, 좌뇌로 생각할 문제는 어김없이 좌뇌로 판단해서, 명쾌한 응답이 즉각 튀어나온다는 점이다. 이러한 면에서는 수재와 전혀 다를 바가 없다. 이러한 사람을 만나면 용건이 속시원하게 처리되는 것은 물론이지만, 너무나 초라한 자신의 두뇌 회전이 서글퍼진다.

그렇다고 그러한 유형의 사람들을 경원한다고 해서 해결될 일도 아니다. 어떻게든 따라가야 한다. 거기에 전환의 즉응성이 요망된다고 생각해 주기 바란다.

실질적으로 이러한 전환 기술은 이론이 아니라 체험에 의해서 배양되는 성격의 것이므로, 상당한 시간에 걸쳐 의식적으로 노력하지 않고는 도저히 몸에 배게 할 수가 없다. 무슨 묘안은 없는 것일까?

그래서 등장하게 되는 것이 '5분간 가수면법', 바로 그것인 것이다.

▶가수면을 취하기 위한 필수 조건

예를 들어 좌뇌에서 우뇌로의 전환을 생각해 보자. 전환해야겠다고 생각했을 때에는, 일단 좌뇌의 활동을 완전히 중단시킬 필요가 있다. 그러나 타당성이 남아 있는 동안은 마음대로 되지가 않는다.

그래서 3분이고 5분이고 가수면을 취해 보라는 것이다. 그러나 아무리 가수면을 취하라고는 하나, 조건이 갖추어져 있지 않고는 그렇게 간단한 문제가 아니다.

그 구체적 대책은 뒤에 소개하기로 하고, 여기에서는 갖추어야 할 조건이라는 것을 생각해 보자.

우선 중요한 것은 '가수면'이라고 해서 선잠처럼 얕은 잠으로 생각해서는 안 된다는 것이다. 시간은 극히 짧지만, 그 내용은 짙은 것이어야만 좌뇌의 활동을 완전히 중단시킬 수가 있는 것이다. 이것을 중시하고 보면, 다음과 같은 항목을 생각할 수 있을 것이다.

- 평소의 수면 시간을 극도로 줄여서, 언제 어디서든 수면에 들어갈 수 있도록 신체적인 조건을 갖추어 둘 것.

- 찰나적으로 잠들 수 있도록 좌뇌의 피로를 극한 상태에까지 몰고 갈 것. 여기에는 집중도라는 질적인 내용과, 계속 시간 이라는 양적인 내용이 포함된다.

- 뇌에는 소모에 대응하는 보충을 위해서와 노폐물을 제거할 목적으로 혈액이 충만해 있으므로, 충분한 혈액이 순환할 수 있도록 태세를 정비해 두어야 한다. 즉 공복으로 위 속을 비어둠으로써 자율신경을 해방시키고, 몸을 눕혀 육체를 쉬 게 하는 것이다. 이렇게 하면 자율신경은 좌뇌의 재충전에 전념하게 되므로, 단시간의 휴식으로 충분히 회복될 것을 기대할 수 있다.

이렇게 정리하고 보면, 가수면이라기보다는 단시간의 숙면으로 해석될 수도 있겠다. 또한 수면을 제쳐놓고 소식주의를 권장하는 내용이 될 법도 하다. 그러나 인간의 신체를 대상으로 하는 이상 모두가 유기적으로 연결되어 있으므로, 부분적으로 토막을 내어 다룰 수는 없거니와, 또한 그렇게 해서는 도저히 정곡을 찌를 수가 없을 것이다.

나는 지금까지의 저서 중에서 만사 얼마간은 모자라는 듯한 상 태를 견지하도록 권고한 바 있다. 그것은 모든 자율신경을 혹사함 으로써 견딜 수 있는 힘을 크게 하고자 생각했기 때문이다. 인간은 살아 있는 한, 순응성을 갖고 있다. 따라서 그 순응성만 유연하다

면, 어떠한 환경의 변화에도 적응할 수가 있는 것이다. 만사 약간
은 부족할 정도라는 것은, 그만큼 순응성을 배양하는 것이 되고,
그 배양된 지구력이 예상도 하지 못한 새로운 인생을 만들어내는
것으로 생각하고 있다.

▶가수면으로부터 곧 깨어나는 요령

어쨌든 깊은 가수면에 들어갔다고 하자. 그러면 다음 문제는 3분
이건, 5분이건 단시간 내에 일어나는 일이다. 대개의 경우 이것이
제일 어려운 것으로 받아들여지고 있다.

초기 단계에서는 가까이 있는 사람에게 몇 분 후에 깨워달라고
부탁해 두는 것도 하나의 방법이 될 것이다. 그러나 언제까지나 누
가 깨워 주기를 기대해서는 '5분간 가수면법'은 몸에 배지를 않는
다. 그점은 별수없이 각자의 노력과 연구가 필요한 것이다. 도움이
될지 모르나, 내 자신의 경험을 소개해 본다.

- 5분간만 자고 일어나야 한다는 강박관념으로 잠을 설쳐서는
  이야기가 안 된다. 그러자면 무엇보다도 순간적으로 잠들어
  버려야 한다.
  즉, 평소부터 밤중의 수면 시간을 줄여서 언제나 잠들 수 있
  는 태세를 갖추어 두는 것이다.
- 나는 평소부터 잠들 때 이외에는 결코 옆으로 눕지를 않는
  다. 따라서 눕기만 하면 잠을 자는 것이라는 습관이 되어 있
  다. 즉, 일종의 자기 최면술이라고 할 수 있을 것이다. 이러

한 관점에서 드러누워 무엇을 한다는 나태한 습관을 없애야
한다.

- 나는 가수면 전에 '5분간'이라는 말을 몇 번 입 속에서 중얼
거림으로써, 역시 자기 최면이라고나 할까? 자기 암시를 건
다.

따라서 이러한 자기 암시가 능해지면, 정해진 시간에 일어나는
것도 어렵지 않게 된다.

이런 식으로 훈련을 쌓아나가면 남의 도움을 받을 일은 거의 없
어진다. 즉 나는 자기 최면, 또는 자기 암시를 기본으로 하고 있다
고 할 수 있다.

그러나 3시간 수면이든, 5분간 가수면이든 일종의 초능력이 존
재하지 않는 한, 실제적으로는 도저히 실천할 수 없을 것이다.

그리고 그 일종의 초능력을 만들어내는 것이 자기 암시라고 한
다면, 우선 이 자기 암시부터 연구해 들어가야 할 것이다. 그래서
얼마간 탈선하는 셈치고, 자기 암시에 관해서 언급해 두고자 한다.

▶자기 암시를 거는 효과적인 방법

암시에는 자기가 자기에게 거는 자기 암시 외에, 이른바 최면술
사가 걸어주는 최면 상태처럼, 타인이 걸어주는 암시도 있다. 그러
나 자기의 생활을 자기가 컨트롤한다는 여건에서는, 자기 암시 쪽
이 한결 손쉽고, 또한 남의 수고를 끼치지 않아 편리하다.

그런데 인간에게는 암시에 걸리기 쉬운 타입과 걸리기 힘든 타

입이 있어서 일률적으로 생각할 수는 없는 것 같다. 행인지 불행인지 나는 암시에 쉽게 걸리는 타입이어서 이런 수업을 쌓기에는 안성맞춤이었던 것 같다. 그렇다고 아무 암시에나 쉽게 몽롱해져서 몽유병자처럼 우왕좌왕할 정도는 아니니, 그 점에 대해서는 안심해도 좋다.

　원래, 전기공학이라는 이론투성이인 분야의 엔지니어이며, 그 방면의 교수이기도 한 내가 자기 암시에 걸리기 쉬운 사람이라고 하면, 대부분의 사람들은 의아해할지도 모른다. 그러나 역으로 말하자면, 내가 하고 있는 연구 방향은 틀림없다――이처럼 믿어버리지 않고는 여간해서 그토록 복잡한 계산 같은 것을 해낼 수는 없을 것이다. 이렇게 생각하면 기술자, 또는 기술 계통의 연구가는 자기 암시에 걸릴 만한 타입이 아니고는 도저히 일을 계속하기 어려울 것 같거니와, 예상 밖으로 자기 암시에 걸릴 줄 아는 것이 성공의 비결이라고도 할 수 있겠다.

　5분 만에 잠을 깬다――라는 자기 암시에 걸린다는 전제 조건 하에서, 그것보다 길든 짧든 자기가 정한 시간내에 틀림없이 눈을 뜰 수 있다는 자신을 가져야 하는 것이다. 이런 자신은 꼭 수면이 아니라도 좋다. 예를 들어, '나는 고교 시대에 3년간 검도를 했지만, 기어이 3년 만에 초단을 따지 않았던가!' 등과 같은 과거에 결심하고 이룩한 체험을 스스로에게 자각시키는 것도 좋다. 그렇게 함으로써 스스로――나는 할 수 있다!――는 자신을 용솟음치게 하는 것이다.

　어쨌든 스스로 자진해서 자기 암시에 걸리도록 해야 한다.

　그러기에는 역시 심신을 길들이는 단련이라는 것이 필수적이라고 생각된다. 흔히 텔레비전에서 방송되는, 바늘을 팔뚝에 관통시키고 물통을 걸어올린다든지, 시퍼런 칼날 위를 걷는다든지 하는 기합술 역시, 결국은 할 수 있다는 자기 암시에 기본을 둔 피나는 단련의 소산인 것이다.

　남의 눈으로 볼 때에는 신기에 가까운 기술, 또는 초능력으로 보이는 것도, 그 정체를 파고들면 자기 암시이자 자기 연마의 결과이니만큼, 자기 암시에 걸리는 것은 인생의 새로운 장이 될 수도 있는 것이다.

경이적인 체력 회복이 왜 가능한가?

▶5분간 가수면은 약보다도 효험이 좋은 체력 회복법

내가 쓴 몇 권의 저서를 읽어본 분이라면 아시겠지만, 나는 약품
에 대해서 별로 신뢰감을 두지 않는다.

특히, 영양제・체력 회복제・위장약 같은 것은 아예 신용하지를
않는다. 그래서 결국은 아전인수격이 되지만 체력 회복 같은 것은
혹시 약이 어느 정도 효력이 있을 수는 있다고 하나, 5분간의 가수
면 쪽이 훨씬 효과적이라고 단언할 자신이 있다.

인간의 체내에서는 늘 자율신경이 활동하고 있다. 그리고 그 작
용은 신체적인 컨디션의 변화에 대해서 복원력을 부여하도록 힘쓴
다. 따라서 복원력이 작동할 수 있는 한, 약은 필요없는 것이 되며
복원력이 한계를 넘어섰을 때에만, 자극해서 다시 복원력을 갖도록
조작하는 것이 곧 약의 효능이어야 할 것이다.

그러나 요즈음 약품은 이러한 성격의 것은 적은 것 같다. 비타민

이라든지 칼슘과 같은 영양소가 직접 흡수되기 쉬운 형태로 만들어져 있는 것으로 보인다. 따라서 이런 것만 복용하고 있으면 오히려 복원력은 퇴화하고 만다.

다시 말해서 자율신경은 놀고 있는 꼴이 되어, 자율신경 본연의 독립된 구실을 하지 않게 되는 것이다. 그리고 나아가 자율신경실조증으로 연관되는 것으로 보인다.

어쨌든 약을 먹는다는 것은 어떠한 과정이 될까? 약은 장에서 혈액 속으로 흡수된다고는 하나, 그것이 그대로 직접 환부에 운반되는 것은 아니다. 나 자신은 의사가 아니라 확연하게 말할 처지도 아니지만, 그것은 일단 간장에 보내지고, 거기에서 소정의 혈관을 통과하게 되는 혈액 속에 배분되어 환부에 보내지는 것으로 알고 있다.

즉, 긴급히 필요한 환부에까지 운반되기엔 상당한 시간이 소요된다는 이야기이다. 아마도 5분 정도의 짧은 시간으로는 어림도 없을 것이다.

그렇다면 5분간의 가수면을 취한다면 어떻게 달라지는지 생각해 보자.

혹사된 부위에는 당연히 많은 피가 보내지고 있는 것이니만큼, 그 분량만큼 소모를 보충하는 것과 동시에 노폐물의 제거도 왕성하게 병행된다. 더구나 가수면을 취했다면, 그 부분은 완전히 해방되어 있다. 즉, 쉬지 않고 송달되는 영양소의 보충도, 그 귀로에 수거해 가는 노폐물도 100%의 효율을 발휘하여 회복에 필요한 가동을 해 주는 것이다.

사실이 그렇다면 별로 약 신세를 질 필요는 없을 것 같다. 특히 나는 영양소의 보충보다도 노폐물의 제거 과정을 중요시하고 싶다. 노폐물만 정확히 제거되었다고 하면, 다소 메마를 수는 있겠지만 컨디션의 부조화를 초래할 인자는 전혀 남지 않기 때문이다.

이런 점에서 영양소가 과다하게 송달되면, 그것을 어떻게 소비할 것인지 혈액으로서도 처치곤란일 것이다.

이러한 관점에서 노폐물이 쌓여서 생기는 피로의 회복, 또는 체력의 회복에는 약보다도 가수면 쪽이 월등히 자연스럽고 효과적이라는 것을 이해할 수 있을 것이다.

건강의 비결은 약을 신봉하는 것이 아니라 자신의 몸속의 복원력을 믿는 것이다——라고 말한다면, 제약 회사 사장님이 노할까 모르겠다.

▶인간은 자기 스스로를 제어하는 힘을 지니고 있다

인간의 신체는 인간 스스로가 제어할 수 있게 만들어져 있는 것이다. 그렇지 않고는 인간이 생겨난 지 약 100만 년 동안 약도 없이 면면히 살아 남아 오늘에 이를 수는 없었을 것이다.

이렇게 오랜 역사를 통하여 살아온 인간은 그 나름대로의 환경에 대한 순응성이 있다고 보아 마땅할 것이며, 또한 스스로 그만한 힘이 있다고 믿어도 좋을 것이다.

나의 이 주장에는 내 나름대로의 확고한 신념이 있다.

가수면이란 그 시점에서 가장 피로해 있는 부분을, 맡은 바 임무에서 해방시켜 주고, 영양소의 보충, 노폐물의 제거를 충분히 시켜 주는 것이라고 나는 생각한다. 따라서 육체가 피로했을 때 또는 두 뇌가 멍해졌을 때의 가수면은 약보다도 효과가 크다고 생각한다.

그런데 또 하나의 중요한 대상이 남아 있음을 잊어서는 안 된다. 그것은 자율신경이다. 자율신경에 있어서도, 간혹 일에서 해방시켜 상호간의 정보 교환, 혹은 상황에 대한 대응 태세를 만들 수 있도 록 해줄 필요가 있지 않을까?

자율신경이 유연하고 충분한 복원력을 지니고 있는 한, 육체는 나이를 먹지 않는다. 복원력이 저하하면, 어떤 약을 먹든 체력을 유지하기 어렵다.

▶중도 탈락은 몸에도 나쁘다

나는 수면이란 것은 두뇌, 육체, 자율신경을 원래의 일에서 잠시 해방시켜 주는 것으로 생각하고 있다.

가수면도 마찬가지이다. 그리고 그 해방은 잠을 깬 이후의 활동 에 대한 하나의 '태세 정비'이지 활동의 중단은 아니다. 따라서 이 러한 태세 정비를 전제로 한다면, 중도 탈락은 몸에도 극히 나쁜 결과를 초래한다. 즉, 자율신경이 그 동안에 힘들여 이룩해 놓은 태세에 일대 혼란을 초래하기 때문이다.

이러한 견지에서, 중도에 그만둔다는 것은 3시간 수면이나 5분 간 가수면이나, 신체의 리듬에 큰 변혁을 주는 습관을 이루려는 힘 든 과정에서, 거기에 익숙해지려는 자율신경에 크나큰 배반과 타격을 주는 것이 된다.

심신의 피로를 회복하는 데 가장 중대한 활약을 맡기고 있는 자율신경을, 일시적인 객기로 혼란 상태에 빠뜨리고 원상 복귀를 위해 혹사한다는 것은, 신체적인 고장이 온다고 해도 호소할 길 없는 자업자득이 될 것이다.

제9장
효율 만점의 가수면 취하는 법

즉각적으로 잠에 돌입하는 요령은 이렇다

▶즉시 잠들 수 있는 상황이란?

　한마디로 '가수면'이라고는 하지만, 여기에서 소개하는 가수면이란 때로는 수면에 이어지는 성질을 가지고 있으므로, 신체적인 상황 여하에 따라 누구나 간단히 취할 수 있는 것이 아니다.

　우선 첫째로, '5분간 가수면'이라는 말로 표현되듯이, 그 계속 시간은 짧아야 하기 때문에 즉각 잠에 들어갈 상태가 되어 있어야 한다. 아무리 잠들려 해도 그것이 무리라면, 가수면을 취할 필요도 없거니와 잘못 도지면 불면증에 빠질 수도 있다.

　그런데 즉시 잠든다는 것은, 쉬고 싶다는 명백한 요구를 가지고 있는 계통이 존재했기 때문이다. 다시 말해서 복원력의 극한까지 참고 일했으니 속히 쉬게 해 달라고 비명을 올리고 있는 상태라고 생각하면 된다. 그래서 그 극한 상태에 도달해 있기에, 가수면이 필요한 여건하에 놓이게 되는 것이다.

따라서 3시간 수면으로 잠을 줄이고, 극한 상태에 도달할 정도로 왕성하게 일을 한 사람만이 즉각적인 가수면에 들어갈 수가 있는 것이다.

이것을 거꾸로 생각하면, 만사 여유 있는 생활, '8시간 수면 이 하면 신체에 고장이 생긴다.'고 생각하고 밤에 충분하고도 남는 수면을 취한 사람은, 두뇌계나 육체계에 얼마든지 여유가 있기에 도저히 가수면을 취할 수가 없으며 그럴 필요도 없다.

▶스스로 '납득'하는 것이 조건이 된다

두번째 문제는 두뇌계에 관한 문제점이다.

일반적으로 화이트칼라족은 두뇌계를 혹사하는 일을 하고 있다. 따라서 그만큼 머리가 명석해야 일이 제대로 될 뿐만 아니라 환경 조건의 변화에 민첩하게 적응하지 못하고는 올바른 판단을 내리지 못한다.

그런데 여기에 한 가지 중요한 일이 있음을 명심하기 바란다. 그 것은 같은 두뇌적인 판단이 요구된다고 해도,

＊ 당사자가 납득함으로써 결론이 지어지는 것(예를 들어 방정식 을 푸는 것과 같은 성격)

＊ 최종적 결론이 당사자 이외에 의해서 내려지는 것(예를 들어 선거 결과 등)

과 같은 성격이 전혀 다른 내용이 포함되어 있다는 점이다.

그리고 전자는 납득하는 것으로 쉽게 가수면에 이어질 수 있으

나, 후자는 스스로가 납득할 수 없는 것이므로 도저히 가수면에 이어지게 할 수가 없다. 아니, 오히려 불면증에 연결될지도 모른다.

따라서 두뇌 노동자라고 해서 반드시 한데 묶어 생각할 수 없고, 가수면도 할 수 있고 없고의 차이가 생기게 된다. 따라서 속 편히 단념하면 편리한데 단념할 수 없다면 어찌할 것인가——가 문제가 된다. 여기에서 다시 등장하는 것이 '자기 암시에 걸리는' 일이 된다.

▶자기 암시에 빠지기 쉬운 타입

앞서도 소개했지만, 이 자기 암시도 쉽게 걸리는 타입과 잘 걸리지 않는 타입이 있어 생각처럼 간단하지가 않다. 그러나 걸리기 힘든 사람은 그만큼 순수하지 못한 심리 갈등을 지니고 있는 것이 아닐까 여겨진다.

참고삼아 말하건대, 자기 암시를 걸기 쉬운 타입의 특징은 다음과 같다.

① 종교적 신념이 강한 사람

불교든 그리스도교든 신앙심이 강한 사람은 자기 암시에 걸리기 쉽다. 반대로 의심이 많은 사람은 남을 믿지 못하는 것은 물론이고, 자신에 대해서도 신념이 약해 암시에 걸리지 않는다.

② 밑바닥에서 기어오른 경험이 있는 사람

'나는 그런 인생의 밑바닥에서도 기어올라왔다. 또 걸리면 다시 기어오르면 되지. 걸릴 각오로 믿어 보자.'

이런 기분이 될 수 있다면, 안심하고 자기 암시에 빠질 수가 있다.

여기에 반해서 한 번도 그러한 경험이 없는 사람은 자기를 믿기 전에, 있을 수도 없는 나쁜 결과만을 머릿속에 그려보기 때문에 자기 암시에 빠질 도리가 없다.

③ 득실을 크게 걱정 않는 사람

득실을 예민하게 따지지 않는 사람은 적어도 남을 기만할 생각은 갖지 않는다. 따라서 그만큼 마음이 편하다. 이 마음의 편안함이 자기 암시 내용을 믿게 하는 것이다.

여기에 비해서 어물전의 생선을 노리는 고양이라고까지 비유할 것은 아니나, 타인의 틈을 호시탐탐 노리는 사람이라면 도저히 자기 암시에 걸릴 수는 없을 것이다. 이렇게 생각할 때 시기심이 많은 사람도 암시에 잘 빠지지 않는다.

▶피로의 해방은 수면뿐이다

세번째 문제는 무엇인가? 신경이 쓰여 어찌할 바를 모를 때의 경우이다. 앞서 예로 든 선거도 그렇지만, 입학 시험이나 자격 시험도 같은 유형이다. 자기로서는 예정대로 진행시켰으므로, 그쯤해서 가수면을 취하고 싶어도,

——너, 자고 있을 때인가? ——

——너, 실패하면 어쩌려고 그러니? ——

와 같은 불안이 반사적으로 의식을 자극하는 상태에서는 가수면은

바랄 수도 없다.

　일반적으로 단시간 수면이나 가수면에 있어서는 꿈을 일체 꾸지 않는 것이 보통이다. 비록 꿈을 꾸었다 해도 눈을 떴을 때, 꿈의 환영은 말끔히 지워져 있어야 한다. 그런데도,

　──걱정되어 늘 망령에 쫓기는 것 같다 ──

　──미심쩍은 데가 있으면 좀이 쑤셔서 잠들지 못한다 ──

이와 같은 상태라면 신경 과민도 도가 지나치다.

　가수면이라면 5분 내외, 길어봤자 30분 이내의 잠이다. 하루 24시간에 비하면 문제가 안 될 정도의 짧은 시간이다. 더구나 그 목적은, 피로에 지친 심신을 해방해서 생기를 되찾겠다는 것이니까, 그것은 필요한 시간이지 결코 헛된 시간이 아닌 것이다. 더구나 피로에 지친 극한 상태에서 견딘다고 해도, 그것은 오기일 뿐 근심 걱정이 사라져 줄 일도 아니다.

　이렇게 생각할 때 그러한 상태에 있어서는, 가수면 이외에 자신을 재충전시켜 줄 것은 아무것도 없다고 말할 수 있다. 따라서, 그러한 가수면이니만큼 죄책감없이 취하는 것이 상책인 것이다.

마음먹었던 시간에 눈을 뜬다

▶5분간으로 눈을 뜨는 요령

3시간 수면이나 4시간 수면이라는 단시간 수면의 경험이 없는 사람이 가장 걱정하는 것은,

―――과연, 그 짧은 시간에 잠을 깰 수 있을 것인가? ―――

하는 것이다. 과연 당연한 걱정이다. 체험이 없는 한, 불안을 품는 것은 극히 자연스러운 일이다. 또한 눈을 뜨는 요령이 그렇게 쉬운 일도 아니다. 그래서 그 과정을 잠시 소개해 두겠다.

우선 먼저 알아둘 것은, 아무리 깊은 단시간 수면이라고는 하나, 수면의 밀도는 시종 일정한 것이 아니다. 마치 조밀파(粗密波)처럼 기폭을 나타내는 것이다. 그 주기를 5분간에 맞추도록 습관을 들이면, 누구에게나 그렇게 어려운 일은 아니다.

두번째는, 자기의 수면 리듬을 5분간에 맞추려 하는 것이니만큼, 여간해서 스스로 제어하기란 무리이다. 따라서,

✱ 남에게 깨워 달라고 부탁한다.

✱ 자명종 시계를 이용한다.

이와 같은 의타적인 수단에 호소할 수밖에 없다. 약간 쑥스러운 일이나 수업 과정이니만큼 참을 수밖에 없다.

세번째는 무엇인가를 느끼면, 곧 눈을 뜨라는 것이다. 이 '무엇인가'가 무엇인지는 약간 애매하다. 굳이 표현하자면 어떠한 이상이나 변화를 두뇌로 느끼거나, 피부로 감지하는 것이 되겠다.

그러나 앞서도 소개한 것처럼, 두뇌계, 육체계, 자율신경 중에서 적어도 하나는 활동하고 있으므로, 그 활동하고 있는 계통에 대해서 잠을 깨게 하게끔 훈련시키는 것이다.

대개의 비즈니스맨이라면 쉬고 싶은 것은 우선 눈을 포함한 두뇌계일 것이다. 그리고 다음은 장부 처리나 문서 작성 등으로 굳은 어깨나 근육일 것이다. 그렇다면 깨어 있어 주기를 바라는 계통은 자율신경이 된다.

5분간 가수면을 실천하는 데 있어서 점심 시간을 생각해 보자.

점심 시간이 되기가 무섭게 식당은 만원이 된다. 그래서 사무실은 일시에 텅 비어 버린다.

이런 상태에서는 설사 코를 곤다고 해도 누가 뭐라고 할 사람도 없고, 그러기에 부담감없이 잠을 청할 수가 있다. 단, 조금이라도 편한 자세를 취할 만한 장소가 필요하다.

안락 의자에 몸을 눕히는 것도 좋지만, 숙직실이 있으면 더욱 좋다. 숙직실에는 잠시 마작을 하거나 바둑을 두는 동료가 있을지 모르나 개의할 필요는 없다. 두뇌계는 물론 굳어진 육체계를 쉬게 하기 위해서는 눕는 것이 가장 효과적이니, 동료 곁에 벌렁 드러눕는 것이다.

또한 이 시간은 비록 소화기 계통에서는 쉬고 있는 상태이나 습관적으로 식사가 위 속에 들어올 시간이라, 너무 늦으면 재촉을 받게 되어 그 재촉이 일종의 자명종 구실을 해준다.

이러한 경우, 가수면을 점심 식사 전에 하느냐, 뒤에 하느냐에 따라 그 효능은 아주 판이해진다. 식사 전에 가수면을 취하면 잠들기도 쉽고, 회복도 빠르며, 잠을 깨기도 손쉽다. 거꾸로 식사 후에는 잠들기도 어렵고, 따라서 단시간으로 끝낼 수 없어 효율이 떨어진다.

이러한 관점에선 집에 돌아와서 취하게 되는 가수면도 마찬가지이다. 목욕을 하거나, 식사를 하기 전에 가수면을 취하는 것이 유효하다. 밖에서 묻혀온 피로를 가정 생활에 들어가기 전에 씻어 버리는 것이다.

그리고 집에서의 가수면은 침대나 자리에 누워 할 수 있으므로 마음껏 네활개를 펼 수가 있다. 그러나 눈을 붙이고자 하는 시간이 짧아야 하므로 거기에 따른 조치가 필요하다. 예를 들어,

＊ 딱딱한 것을 베개로 벤다.

＊ 다리쪽을 높게 고인다.

＊ 에어컨이 없는 방에서 땀을 흘리며 잔다.

내친김에 다방에서 가수면을 취하는 요령을 소개하겠다.

다방은 의자가 푹신하고 조용한 곳일수록 좋다. 단, 약속 시간보다 적어도 10분은 먼저 도착한다. 주문을 미루고 곧 가수면을 취하

면 만나기로 한 상대방이 와서 깨워줄 테니까 안심하고 잠들면 된다.

가수면을 취한다는 것은 쉬게 해야 할 신체적 계통이 있다는 것을 의미한다. 따라서 단순히 근무처의 일 뿐이 아니라, 좀더 스스로를 피로하게 하는 과외의 계획이나 공부 등으로 밤의 수면 시간을 줄이는 사람에게나 가수면은 필요한 것이다. 즉 가수면은 3시간 수면을 실천해 나가기 위한 보조 수단인 것이다. 밤에 8~9시간 늘어지게 잠을 취하는 사람에게는 필요없는 것이다.

수험생에게는 시간 관리가 성공의 갈림길

▶처절한 경쟁에서 어떻게 이길 것인가?

수험생이라고 하면 왜 그런지 시련의 주인공처럼 생각하기 쉽고, 자신도 어서 이 시련에서 벗어나기를 원한다. 그리고 흔히 시험 지옥과 같은 말로 표현하는데, 따지고 보면 이 시련은 어제 오늘 시작된 것도 아니다. 중국에서 과거 제도가 실시된 것이 당(唐)나라 때니까, 시험이라는 것의 역사는 1,000년 이상이 된다.

어떠한 사회에서도 모든 분야의 정원 속에 끼여들자면 '경쟁(시험)'은 필수적이다.

그러면 이 가혹한 경쟁에 이기기 위해서는 어떻게 시간을 만들고, 그것을 어떻게 최대한으로 활용할 것인가가 관건이 된다.

3시간 수면법의 패턴은 이미 예로 들었지만, 그것은 비즈니스맨을 위한 것이었기에 여기에서는 수험생을 대상으로 4시간 수면으로 약간 수정을 해서 하루의 스케줄을 소개하겠다.

4:00 기상, 세수

4:15 공부(1)

5:15 목욕

5:30 공부(2)

7:00 아침 식사

7:30 등교

12:00 가수면(1)

12:20 점심 식사

16:30 하교

17:30 귀가, 가수면(2)

18:00 목욕, 저녁 식사

19:00 공부(3)

21:00 가수면(3)

21:20 공부(4)

22:50 음료수, 홍차, 휴식

23:00 공부(5)

24:00 취침(4시간 단수면)

이상의 스케줄에서 본격적인 수면 시간은 4시간이나, 가수면(1) 20분,(2) 30분, (3) 20분을 합하면 실질적으로 하루에 5시간 자는 것이 된다.

한편 공부 시간은 (1) 1시간, (2) 1시간 30분, (3) 2시간, (4)1시간 30분, (5) 1시간 이렇게 5회로 나누어 합계 7시간이 된다. 물론 학교에서의 수업 시간은 뺀 합계이다.

이처럼 공부 시간을 분할한 데는 의미가 있다. 즉,

✱ 고정된 두뇌만을 혹사하지 않는다.

✱ 두뇌에 재충전할 여유를 준다.

✱ 좋아하는 과목에만 치중하지 않게 분할한다.

이처럼 두뇌에 피로를 쌓이지 않게 함과 동시에, 분할된 공부 시간 중 어느 시간대에는 싫은 학과와도 씨름하게끔 배려한 것이다. 단, 하루 두 번의 목욕 중 아침의 목욕은 생략해도 무방하다. 그리고 간식 시간이 없는 것은 가수면을 전제로 해서는 속이 비어 있는 것이 바람직하기 때문이며, 이 스케줄은 각자의 형편에 따라 자기에게 가장 적합한 방안을 생각해 낼 수도 있다.

또한, 점심 전의 가수면은 학교에서의 일이라 과연 시행할 수가 있을지 의문이나, 여름철이라면 교정의 나무 그늘에서라도 취해 두어야 오후 수업 시간에 조는 일이 없겠다.

한편 수험 생활이라는 것은 고교 3년부터 시작하는 것으로 생각해서 1년이라는 시간을 잡는데 그 스타트는 대개 4월이라 봄철 나른한 계절이다. 아직 1년이나 남았다고 안심하거나, 낮잠으로 얼버무리다가는 세월은 용서없이 흘러가 버리고 만다. 따라서 3시간 수면법은 고교 2년 후반에 몸에 익혀 두거나, 고3이 되자마자 곧 시작해야 효과를 볼 수가 있다. 이러한 단시간 수면 생활의 리듬이 몸에 배기 위해서는 적어도 두 달의 시일을 요하기 때문이다.

■ 엮은이 ┃ **최운권**

· 서울대학교 졸업
· 전 월간 영어사 대표
· AFC간사
· 저서로 영어로 강해지는 책, 붕어 낚시 연구 외 다수

3시간 수면법

1판 1쇄 인쇄 2018년 1월 5일
1판 1쇄 발행 2018년 1월 10일

지은이 ┃ 후지모도 겐고
옮긴이 ┃ 최운권
펴낸이 ┃ 이현순
펴낸곳 ┃ 백만문화사

서울시 마포구 독막로 28길 34 (신수동)
Tel 02)-325-5176 **Fax** 02)-323-7633
신고번호 ┃ 제 2013-000126호

이메일 ┃ bmbooks@naver.com
홈페이지 ┃ http://bm-books.com

Translation Copyright© 2018 by BAEKMAN Publishing Co.
Printed & Manufactured in Seoul Korea

ISBN 978-89-97260-94-2(03170)
값 12,000원